아직
늦지
않았다

머리말

'이런들 어떻고 저런들 어떠랴'는 말은 헛소리다.

뿌린대로 거두는 게 인생이다.

시간을 낭비하는 건 가장 큰 죄다.

뭘 먼저 할지, 뭘 나중에 할지 아는 게 지혜다.

나는 어떻게 살고 있는가?

아직 늦지 않았다.

곽 윤 석

제1장

살면서 미리 알았다면
좋았을 것들

당신이라는 진실 ················· 11
선운사 ···························· 12
처음과 나중 ······················ 14
뭔가 해야 뭔가 된다 ············ 15
정의 ······························· 16
버팀의 시간 ······················ 17
중년의 새벽 ······················ 18
바램은 희망이 될 수 없다 ······ 20
세상과 나 ························ 21
연꽃 ······························· 22
다름 ······························· 23
지갑의 품격 ······················ 24
한 사람만의 그대 ················ 25
전환시대의 논리 ················· 26
살면서 미리 알았다면 좋았을 것들 27
사랑의 성격 ······················ 28
방황의 의미 ······················ 29
꿈의 대화 ························ 30
마음이 먼저다 ··················· 32

한계 ······························· 33
아들에게 ·························· 34
N의 법칙 ·························· 36
헛소리 ···························· 37
사계 ······························· 38
반환점에서 ······················· 40
석남사 ···························· 41
문자밖으로 ······················· 42
소녀에게 ·························· 43
도서관에서 ······················· 44
욕망한다 그러므로 ·············· 45
답은 없다 ························ 46
쉰일곱의 하루 ··················· 47
나 ·································· 48
벗이여 ···························· 49
생의 찬미 ························ 50
일몰 ······························· 51
의미 ······························· 52

제2장

아직 늦지 않았다

낭만 ················· 55
상식의 배반 ············ 56
중년 ················· 57
좋은 삶의 시작 ·········· 58
때 ··················· 59
태도 ················· 60
산책 ················· 61
사피엔스, 길을 잃었다 ··· 62
중년2 ················ 63
웃음에서 눈물까지 ······· 64
하심 ················· 65
독백 ················· 66
이별하는 자의 마지막 키스 67
당신에게선 티가 난다 ···· 68
좌우명 ··············· 69
진실 ················· 70
삶의 영수증 ··········· 71
사람 ················· 72
기억의 조각 ··········· 73
씨앗 ················· 74

플레이어 ············· 75
삶의 구들짱 ··········· 76
아직 늦지 않았다 ······· 77
더 중요한 것 ·········· 78
화이부동 ············· 79
풀잎 이야기 ··········· 80
벽과 문 ·············· 81
선물 ················ 82
소식 ················ 83
일과 사랑 ············ 84
나약함에 대하여 ······· 85
인간의 한계 ·········· 86
눈물이 많은 사람 ······ 87
상처 ················ 88
시인의 자격 ·········· 89
백년 재 ············· 90
전환의 길목에서 ······· 91
사족 ················ 92
불꽃 ················ 93
술 먹는 밤 ··········· 94

제3장

비로소 사람은

눈의 기능 ………… 97	아름답다는 것 ………… 117
지구가 인간에게 ………… 98	뱃사공과 나무 ………… 118
무제 ………… 99	결정의 법칙 ………… 119
삶에 대하여 ………… 100	외로움의 가치 ………… 120
평범함 ………… 101	너의 곁에 ………… 121
인생은 ………… 102	행복의 비밀 ………… 122
구름과 바람 ………… 103	육감 ………… 123
어떻게 살 것인가 ………… 104	믿을 수 없는 사람 ………… 124
경계에 서다 ………… 105	지리산 ………… 125
영원한 건 없다 ………… 106	12월 ………… 126
정년퇴직 ………… 107	미소 ………… 127
질문과 답 ………… 108	허물 ………… 128
나는 어찌 ………… 109	모르겠다 ………… 129
서산 ………… 110	비로소 사람은 ………… 130
소나무 ………… 101	육십이 되면 ………… 131
삶에 대하여 ………… 112	회상 ………… 132
맷돌 ………… 113	욕실(欲實) ………… 134
몰락 ………… 114	후회 예찬 ………… 135
외로워마라 ………… 115	
삶에서 배운 것들 ………… 116	

부록

한 줄 생각 - 성찰과 혁신의 365일

1월 ·················· *139*
2월 ·················· *143*
3월 ·················· *147*
4월 ·················· *151*
5월 ·················· *155*
6월 ·················· *159*
7월 ·················· *163*
8월 ·················· *168*
9월 ·················· *173*
10월 ················· *178*
11월 ················· *182*
12월 ················· *186*

제1장

살면서 미리 알았다면 좋았을 것들

당신이라는 진실

계집아이로 태어나,
가슴 설레는 소녀로 자라고,
매력적인 숙녀가 되고,
생명의 신비를 주관하는 엄마가 되고,
공부에 힘들어하는 자식들과 바깥 일로 분주한 남편 때문에
마음졸였던,
중년의 고개를 넘어,
당신은 작고 고단하고 성치 않은 몸의
노인으로 변해갑니다.
한평생을 종종걸음으로 살아내야만 했던
당신의 인생은 아이에서 할머니까지
가혹하지만 운명적입니다.
그렇게 당신은 역사가 되고
아름다운 진실이 됩니다.
당신은 내 곁에 온 인간의 얼굴을 한
작은 신입니다.

선운사

커피 한 잔을 앞에 두고 삼십 몇 년 전 청춘의 그날,
눈 내린 선운사, 눈 쌓인 붉은 동백을 기억해 냈다.

'누구보다도 당신을 사랑한다'는 그 꽃말이 좋아서,
꿈이 현실이 되는 게 행복이라 믿는 낭만주의자라서,
나는 상식의 담장을 넘는다.

선운사 그 붉은 축제에 섞이기 위해 내 마음은 허둥댄다.
동백과 매화가 검은 눈동자에 박혀 눈동백이 되고
눈매화가 될 때만이 겨울은 봄으로의 전환을 허락한다.

동백은 꽃송이째 떨어져 내리며 자기를 잊으라 하고,
매화는 한 잎 한 잎 떨어져 날리며 자기를 잊지 말라 한다.
아, 나는 붉은색의 포로가 된다.

동백과 매화가 기다리는 선운사엘 갈 수 없다면 나는 어리석은 사람이리라. 이 밤, 내 마음속엔 온통 동백이 천지고, 매화향이 진동한다.

아직은 시린 겨울, 선운사로 달려갈 2월이 내일처럼 순식간에 다가오기를 소망한다. 동백의 꿀을 유난히 좋아하는 동박새가 되어 선운사의 밤을 어지럽히더라도, 너그럽게 받아주기를.

처음과 나중

강물이 처음부터 거세게 흘렀을 리 없다.
태풍이 처음부터 폭우를 몰고 왔을 리 없다.
무엇이든 다 그 처음은 있다.
씨를 뿌린다는 건, 뭔가를 시작한다는 건,
그 나중을 믿기 때문이다.
인생의 모든 것들이 그렇다.

뭔가 해야 뭔가 된다

인생은 결국 몇 개의 사건이다.
그 사건을 꼭지점 삼아 서로 연결하거나
또는 연결을 끊어내면서 100년 드라마가 전개된다.
누군가를 만난다는 건 인생의 꼭지점이
하나 더 생겨난다는 의미다.
때로는 하나의 사건이 상처가 되기도 하지만,
만일 상처가 두려워 점을 만들지 못하면
인생은 공허해지고 만다.
저절로 이루어지는 건 없다.
뭔가 해야 뭔가 된다.
인생은 낯선 사람과의 끊임없는 접촉이자
낯선 일과의 연이은 접속이다.
그 접점에서 에너지가 나온다.
인생은 기막힌 우연이자
외나무다리에서 만날 수 밖에 없는 필연이다.

정의

억울하게 눈물 흘리는 사람이 없고,
죄 없이 자유를 박탈당하는 사람이 없을 때,
무임승차 하는 금수저가 없고,
특권과 반칙으로 성공하는 도적들이 없을 때,
강자의 탐욕에 쓰러지는 약자가 없고,
자신의 삶을 스스로 포기하는 사람이 없을 때,
권력을 사유화하는 모리배들이 없고,
불법과 타락에 빠진 공직자들이 없을 때,
부익부 빈익빈이 강요되지 않고,
누구에게나 기회가 평등하게 보장될 때,
일을 통해 행복할 수 있고,
보다 나은 내일을 위해 마음껏 도전할 수 있을 때,
타의에 의해 꿈을 포기하는 청춘이 없을 때,
비로소 정의다.

버팀의 시간

만일 누군가 어떤 점에서 탁월하다면,
그것은 틀림없이 그가
아주 오랫동안, 쉼 없이, 반복해서,
실패를 이겨내며, 조급해하지 않으며,
목표를 향해 노력했다는 이야기다.
사람들은 단지 빛나는 그의 현재만을 보고 있지만
그에게는 길고 긴 땀과 눈물의 시간이 있었다.
버팀의 시간이 걸작을 낳는다.

중년의 새벽

나이가 내게 준 최고의 교훈은
바람의 냄새를 알게 되었다는 것.
바람에 쓸려가는 낙엽처럼
떠밀려가다 어느 순간 생각이 멎는다.

등 뒤에 불편을 지고 오는 쉰 다섯 나이,
어깨에서 무릎까지 근심이 서말인데, 어느 것 하나 가볍지 않다.

잠든 채 맞았던 새벽을 어느새 앉아서 맞는다.
곧 새벽을 마중 나갈테지.

누군가를 위해 살아본 사람은 안다.
받는 사랑보다 주는 사랑이 더 깊다는 것을.
주었던 그 사랑이 아득해질 때 얼마나 사무치고 간절한지를.

나의 계절은 아직 오지 않았나니,
바람아 너는 아느냐, 고독의 뿌리를.
고독의 뿌리가 희망의 열매를 키우는 시간의 신비를.

머리는 반짝여도 가슴이 식었다면
그것은 이미 온전한 삶이 아니다.
따뜻함이 사라진 얼어붙은 세상은
인간을 위한 세상이 아니다.
중년이 선물하는 긴 침묵의 시간,
시린 가슴으로 나의 지난 시간을 돌아보게 하소서.
그리고 다시 태어나는 나의 시간을 위해 기도하게 하소서.
고독과 성찰이 일깨우는 신새벽을 마중하게 하소서.

바램은 희망이 될 수 없다

흐르는 시간은 잡을 수 없고, 일어날 일은 막을 수 없다.
나는 다만 그 사잇길을 걷는다. 노을은 장엄함으로 붉게 타지만
생명을 자라게 할 수 없고, 창틈을 뚫고 들어오는 한 줌 빛은
여리지만 화분의 꽃을 피운다.

어제는 바람이 몹시 불었고, 내 발걸음은 노을을 넘고 중력을
거슬러 휘청거렸다. 희망을 생각한다. 멈추지 않는 내 생의 이유를
물었다. 바램은 희망이 될 수 없다.

어제는 눈물이 벗이고 오늘은 땀이 벗이다.
희망은 둘 다를 먹고 자란다.

세상과 나

자신을 과대평가하지 마라.
세상은 나 없이도 잘 돌아간다.

자신을 과소평가하지 마라.
세상에 나는 나 하나뿐이다.

연꽃

연꽃은 바람 부는 언덕이나 햇살 가득한
대지에서 피지 않고,
낮고 습한 진흙에서 피어난다.
이것은 하나의 진리다.

다름

착함과 우유부단함이 다르고,
용기와 만용이 다르고,
단호함과 비정함이 다르고,
담대함과 과대망상이 다르고,
비판과 비난이 다르고,
자부심과 자존심이 다르고,
반성과 후회가 다르고,
여유와 나태가 다르고,
낭만과 쾌락이 다르고,
겸손함과 비굴함이 다르고,
침묵과 무지가 다르고,
낙관과 방심이 다르고,
자신감과 교만함이 다르고,
분노와 증오가 다르고,
생존과 삶이 다르다.

지갑의 품격

지갑이 불룩하면 자신감도 불룩하다.
지갑은 하나의 인격체다.
누구를 위해, 무엇을 위해 열리는 지가 좋은 지갑의 척도다.
욕망과 과시가 아니라 정성과 배려의 도구면 좋겠다.
지갑은 세계관(觀)이 아니라 세계감(感)의 결과다.

한 사람만의 그대

만인의 친구가 되려 하면 누구의 친구도 될 수 없다.
만인의 연인이 되려 하면 누구의 연인도 될 수 없다.
그대가 먼저 진실한 친구가 될 때,
진실한 사람이 그대의 친구가 될 수 있다.
그대가 한 사람만의 연인일 때,
그 한 사람도 그대만의 연인일 수 있다.

거창한 일을 꾸미려 하지 마라.
그대 앞에 무거운 짐 진 자를 위한 잠깐의 지팡이가 되라.
앞이 가로막혀 나아가지 못하는 자를 위해
돌부리를 하나 뽑아 주라.

땅을 주고 빛을 주고 영광을 준다고 외치지 마라.
만인에게 믿음을 주고 구원을 베푼다고 속삭이지 마라.
그대는 오직 지금 눈앞에 있는 한 사람과 공감하고
사랑할 수 있을 뿐이다.

전환시대의 논리

힘이 곧 정의였던 시대는 지나갔다.
그러나 정의가 곧 힘인 시대는 아직 오지 않았다.
전환시대이자 앞이 보이지 않는 난세다.
혼란의 연속이고 불확실성이 갈수록 커진다.
필요한 건 카리스마가 아니라 집단지성이다.
그러나 집단지성은 제대로 꽃도 피워보지
못한 채 된서리를 맞고 있다.
이기주의와 우상에 포획된 진영논리가
걸림돌이다.
봄은 아직 너무 멀다.

살면서 미리 알았다면 좋았을 것들

결정적 승부에서 패배해 본 사람은 안다.
마지막 순간에 모든 것이 달라질 수 있음을…

누군가를 진심으로 사랑해 본 사람은 안다.
때로는 원망도, 미움도 사랑이었다는 것을…

가슴 아픈 배반을 당해 본 사람은 안다.
그것은 믿음에 대한 배반이 아니라 불신에 대한 증명이었음을…

몸이 아파 본 사람은 안다.
지난날 너무 사소한 것들과 건강을 맞바꿨다는 것을…

나이 먹어 늙어진 사람은 안다.
세월의 속도가 생각의 속도보다 몇 배는 더 빠르다는 것을…

사랑의 성격

그에게 받고 싶은 만큼 그에게 주라.
그것이 사랑의 평등성이다

뿌린 대로 거두나니 썩은 씨앗은 초록의 싹을
틔울 수 없다. 그것이 사랑의 인과성이다.

매일 매순간 정성과 노력을 기울여야 사랑은
지속된다. 그것이 사랑의 지속성이다.

믿어라, 그러나 먼저 믿게 하라.
사랑의 눈으로 세상을 보라, 그러나 한눈을 팔지는 마라.
재미있게 살아라, 그러나 의미를 포기하지 마라.

밑바탕이 단단하지 못한 사랑탑은 오래지 않아
무너진다.
신은 모든 곳에 머무를 수 없기에
후회하고 반성하는 능력을 인간에게 주셨다.
사랑은 미친 듯이 뜨겁게 시작되지만
냉정하게 흘러가는 강물이다.

방황의 의미

길을 잃고 자주 방황했다.
마음이 눈을 가렸다.
내 안에 갇혀있으면서
세상을 걷고 있다고 착각했다.
길이 보이지 않았다.
실수와 후회가 이어졌다.
나를 믿는 것은 쉽고도 어렵다.
그러나 믿지 않고 살아갈 수는 없다.
나를 대신해 줄 사람은 아무도 없다.
내 삶의 주인은 오직 나이고,
그것은 한 번도 변한 적이 없다.
내 방황은 어리석었지만 엄숙했다.

꿈의 대화

여덟 살 내 꿈은 화가가 되는 것이었다.
불자동차 그리기 대회에서 대상을 받고 칭찬을
들었기 때문이었다.

열여덟 살 내 꿈은 사관학교를 나와 군인이 되는 것이었다.
규칙 없이 무질서하던 혼탁한 세상이 주는
부조리에서 벗어나고 싶었기 때문이었다.

스물여덟 살 내 꿈은 쫓기거나 긴장하지 않고
안락한 가정을 갖는 것이었다.
반복되는 불안과 경제적 궁핍이 소시민적 욕망을
자극했기 때문이었다.

서른여덟 살 내 꿈은 힘과 지혜를 갖는 것이었다.
목표가 있어도 전략이 없고, 의지가 있어도 능력이 없는
현실에 대한 위기감과 조바심 때문이었다.

마흔여덟 살 내 꿈은 선한 영향력을 지닌 지식인이 되는 것이었다.
다툼과 경쟁의 현장을 벗어나 학생들을 가르치며,
따뜻함과 정의가 넘치는 세상에
기여하고 싶었기 때문이었다.

쉰여덟 살 내 꿈은 무엇일까.
굽은 세상, 자기들만이 옳다고 믿는 자들이 벌이는
희망 없는 대결과 갈등이 사라지고,
제3의 길이 조용히 열리길 바란다.
그 꿈은 이루어질 수 있을까.

마음이 먼저다

행복해서 웃는 게 아니라
웃으니 행복한 것이다.

사랑해서 보고 싶은 게 아니라
보고 싶으니 사랑하는 것이다.

희망이 보여서 노력하는 게 아니라
노력하니까 희망이 보이는 것이다.

친구라서 믿을 수 있는 게 아니라
믿을 수 있으니까 친구인 것이다.

성공해서 빛나는 게 아니라
빛나니까 성공인 것이다.

위대해서 성찰하는 게 아니라
성찰하니 위대한 것이다.

마음이 먼저다.

한계

마음에 절벽을 세우고
그 앞에서 멈춰 서는 것,
그것이 한계다.

엄동설한이 스스로 물러가듯
마음의 감옥에서 걸어나오면 그 뿐이다.
한계란 있는 것도 아니고 없는 것도 아니다.

아들에게

빛나는 20대가 시작되고, 그로부터 화살처럼 세월이 흘러갔다.
지난 시간 네가 무엇을 경험하고 무엇을 경험하지 못했는지,
무엇을 이루고 또 무엇을 이루지 못했는지,
무엇을 얻고 무엇을 잃었는지, 무엇에 웃고 무엇에 울었는지,
돌아보라. 그리고 성찰해라.
평가는 과거가 아니라 미래를 위해 필요하다.
20대 10년이 네 인생의 황금기이다.
청춘은 뜨거움과 설레임만으로 이루어지지 않는다.
냉정함과 긴장감도 필요하고,
용기와 인내도 지혜 못지않게 중요하다.
우리에게 부족한 것은 계획서가 아니라 평가서고,
시작이 아니라 마무리고, 능력이 아니라 승부근성이다.
한쪽 눈으로 지나온 길을 돌아보고,
다른 한쪽 눈으론 나아갈 길을 내다보아라.
젊음은 밝게 빛나지만 그늘져 있고,
화려하지만 땀과 눈물로 얼룩져 있다.

너의 싱싱함이 부럽지만 한편 위로도 해주고 싶다.
이상은 높게 가지되 현실에 정확하게 발딛고 걸어가라.
첫째는 너를 믿는 것이 필요하고,
둘째는 너를 의심하는 것이 필요하다.
남들은 너를 모르지만 너는 너를 잘 알 것이므로,
너 자신을 잘 지키고 혁신하며 준비하거라.

N의 법칙

새로운 것을 추구하고 *new*
항상 다음을 생각하며 *next*
어떤 경우에도 치우치지 않는 중립적 시각으로 *neutral*
지금 이순간을 놓치지 않으며 *now*
함께 하는 사람들과 수평적 관계를 맺으며 *network*
힘듦에도 포기하지 않으며 *nevertheless*
이웃을 위해 헌신하는 삶이야말로 *neighbor*
고귀한 인생이다. *noble*

헛소리

술을 먹어도 이성을 잃지 않는다.
돈 욕심이 없다.
오래 살기를 바라지 않는다.
살면서 다른 사람의 도움 받은 적 없다.
안 해서 그렇지 하기만 하면 저 정도는 쉽게 할 수 있다.

사계(四季)

어느 봄날, 학교 뒷산에 올라 남산까지 어어지는 긴 소풍길에 나섰다. 중2였고 동무들이 함께 했고 사과 서리도 재미있었다. 웃음이 끊이지 않았고 바지와 신발이 흙투성이가 되도록 달렸다.

여름은 내내 다급했고 격렬했다. 의와 불의가 눈앞에서 갈렸고, 나는 서슴없이 의라 믿는 불길 속으로 뛰어들었다. 고생이었고 고난으로 이어졌으며 고독했으나 고민하지 않았다. 그 시절 정의는 주먹을 치켜든 팔뚝이거나 옹골찬 돌멩이었다.

가을의 들녘을 걷고 있다. 바람은 쓸쓸히 불고 다리엔 힘이 풀린다. 이룬 것 없이 청춘은 멀어져간다. 겨울 채비로 창고를 가득 채우진 않더라도 가슴 텅 빈 허무함이 없기를 바래본다. 그늘과 불안의 틈새로 인디언 서머가 선물처럼 시작된다. 햇살 가득하고 온화한 나날, 짧지만 강렬한 축제 같은 시간이다.

겨울이 멀지 않다. 오래지 않아 몸이 시리고 눈이 흐려질 것이다. 세한연후지송백지후조야(歲寒然後知松柏之後凋也), 오직 추억만이 나를 자유롭게 할 것이다. 뒤를 돌아보아 발걸음이 어지럽지 않고, 하늘을 우러러 부끄러움이 없기를 염원한다. 그 때야 웃으며 떠나가리라 기약한다.

반환점에서

인생의 반환점에 서니 보인다.
너무 빨리 달려가면 앞으로 넘어지고,
너무 느리게 가면 옆으로 기운다는 것이.

산다는 건 결국 태도다.
열정과 책임과 균형,
세 가지를 챙겨 세상 여행에 나선다.

산다는 건 무엇보다 실천이다.
행동할 때 비로소 생각이 바르게 되고 길이 명확해진다.

산다는 건 또한 지키는 것이다.
꿈을 지키고, 사람을 지키고, 자유를 지키는 것이 삶의 여정이다.

석남사(石南寺)

석남사에 간다.
계곡물 소리를 들으며, 대웅전 뜰을 오랫동안 걷는다.
단아한 계단도 천천히 다시 오른다.
거기서 올려다본 서쪽 하늘은 서늘하지만 편안했다.
세상이 화창하고 따뜻한 것도, 축축하고 쓸쓸한 것도,
각기 다른 마음의 눈으로 바라보기 때문이니.
정작 씻고 닦아야 할 바는 내 마음이다.
산다는 건 소유보다 공유가 먼저다.
인생은 결과가 아니라 과정이다.

문자(言) 밖으로

행복은 행복하다는 말 속에 다 담을 수 없다.
믿음은 믿는다는 말 속에 다 담을 수 없다.
사랑은 사랑한다는 말 속에 다 담을 수 없다.
노력은 노력한다는 말 속에 다 담을 수 없다.
희망은 희망이 있다는 말 속에 다 담을 수 없다.
분노는 분노한다는 말 속에 다 담을 수 없다.
고통은 고통스럽다는 말 속에 다 담을 수 없다.
외로움은 외롭다는 말 속에 다 담을 수 없다.
두려움은 두렵다는 말 속에 다 담을 수 없다.

의미는 문자 속에 가둘 수 없다.
문자 밖으로 걸어 나와야 꽃이 핀다.
빛은 빛이란 문자 속에 있지 않고
어둠과의 치열한 전선 속에 있다.

꿈도 그렇다.

소녀에게

사람의 마음을 얻는 것이 좋은 인생을 사는 길이다.
무엇보다 맑은 향기, 따뜻한 온기가 흘러야 한다.
흔들리는 나뭇잎이 아니라 깊이 뻗어 내려간 뿌리가 되거라.
강함이 부드러움만 못하고, 날카로움이 따뜻함만 못하다.
지혜로 안 되면 용기를 내고, 용기로도 모자라면 인내해라.
세상은 넓지만 너는 약하고 여리다.
그러므로 홀로 빛나기보다 빛을 향해 나아가고,
옛지있는 삶을 살되 그 날을 사람에게 세우지 말아라.
마지막 돌이 되려 하지 말고 첫돌이 되고 디딤돌이 되거라.
인생이란 결국 네가 걸어간 시간의 응답이다.
항상 자신을 살펴, 네 삶의 주인으로 어엿하게 살아라.

도서관에서

아무도 없는 도서관에 덩그러니 앉아있다. 어쩌면 홀로 남겨지길 바라며 여길 왔는지도 모르겠다. 햇살도 눈 부시고 책도 의자도 그대론데, 공기의 냄새가 다르다. 고독을 찍어낼 때 나는 듯한 소리 없는 긴 숨과 메마른 서향, 하루의 아침 시간이 느긋하게 흘러가길 바란다. 아니다, 빨리 흘러가고 또 새로운 내일의 아침이 오는 것도 좋다. 겨울 한기를 밀어내는 한 줄기 햇살에 기대어 중얼거린다. 아침을 도서관에서 맞는 이 순간의 행복을 잊지 말아야겠다고.

욕망한다 그러므로

인간의 본질적 한계는 가질 수 없는 것을 가지려 하고, 할 수 없는 것을 하려 하기 때문에 온다. 영원히 살 수 없기 때문에 더 살고 싶고, 날개가 없기 때문에 하늘을 날고 싶고, 신이 될 수 없기 때문에 종교를 만들고, 진리를 완성할 수 없기 때문에 철학책을 쓴다. 욕망한다, 그러므로 인간이다.

답은 없다

나는 삶이 무엇인지 물었고,
삶은 내가 누구인지 물었다.
답은 없다.
다만 기쁨을 기뻐하고,
슬픔을 슬퍼할 뿐이다.

쉰일곱의 하루

어쩌다보니 쉰일곱이 되었습니다. 시간처럼 정확하고 부지런한 것도 없습니다. 1년은 364일도 366일도 아닌 정확히 365일이었고 봄, 여름, 가을, 겨울도 순서대로 반복되었습니다. 뱃살과 몸무게만 늘어난 게 아니고 흰머리와 주름도 늘었습니다. 옷값, 밥값 올라가는 것보다 병원비, 약값 올라가는 게 더 눈에 띕니다. 늘 어떻게 시작할까 어떻게 지속할까를 고민했는데, 어느덧 어떻게 물러나고 어떻게 마무리할까를 고민하게 됩니다. 아직은 건강보다 일이, 가치보다 욕망이 더 현실적인 선택지가 되곤 하지만 더 늦기전에 인생의 의미를 다시 묻습니다. 강한 임팩트와 화려함으로 다가왔던 사람보다 더 오래 곁에 머물며 함께 할 사람이 누구인지 돌아봅니다. 가끔 하는 이벤트보다 매일 매일의 일상이 진짜 내 삶이구나 싶습니다. 여전히 옳고 그름, 좋고 나쁨에 목소리 높이기도 하지만 너그러운 관찰자, 편안한 응원자의 위치가 부럽기만 합니다. 하루가 또 저물어 갑니다. 살아있음에 새삼 감사하게 되는 밤입니다.

나

나는 겨우 나다.

그러나

나는 마침내 나다.

벗이여

힘들 땐 그저 흘러가게 두어라.
두려우면 잠시 눈을 감아라.
천지만물을 창조한 조물주도 모든 것을 그대로 둔 채
간섭하지 않는데,
세상을 바로 잡는 게 어찌 너의 몫이겠니.
너는 다만 네가 서 있고 앉고 누울 한 뼘의 땅을 쓸어라.
시간을 잡으려 하지 말고 너에게 주어진 시간을 살아라.
우비고뇌(憂悲苦惱)를 쓸쓸히 겪어가라.
세상의 넓고 깊은 이치를 알려면
결국 세상여행을 끝내고 하늘에 올라야 한다.
슬퍼하지도 분노하지도 마라.
네가 세상의 것이지, 세상이 너의 것은 아니지 않느냐.

생의 찬미

떨어지는 벚꽃과 목련을 보며
내 곁을 스쳐 간 봄볕을 생각한다.

꽃이 봄인지 봄이 꽃인지 알 수 없으나,
나는 기꺼이 꽃을 보내고 잎을 맞으며 열매를 기다린다.

삶이 아름다운 건 빛나기 때문이 아니라
더 새로운 것으로 전환될 수 있기 때문이다.

삶은 변화 가능성이다.

일몰

내다보면 불타고 있고,
들여다보면 물 흐르듯 흘러가는 세상사.
돌아보니 인생은 바람처럼 사라져가고 있다.

소유는 부질없는 집착.
과거와 현재와 미래는 이어짐과 끊어짐의
어느 쪽인가.

의미와 무의미의 경계에서
하루가 또 저물어간다.

의미

지켜야 할 사람이 있다는 건
어떤 고난도 참아낼 인내가 있어야 한다는 의미고,

이뤄야 할 꿈이 있다는 건
어떤 두려움도 뛰어넘을 용기가 있어야 한다는 의미다.

제2장

아직 늦지 않았다

낭만

젊음이 빛나도 결국 늙는다.
사랑이 뜨거워도 결국 식는다.
자리가 높아도 결국 내려온다.
시간의 블랙홀에는 예외가 없다.
젊음이 가고, 사랑이 식고, 자리에서 내려왔을 때,
내 남은 모습을 생각하는 것뿐이다.
그 때에 나약하지 않고, 비정하지 않고,
쓸쓸하지 않은 나를 만날 수 있다면,
그리하여 특별한 것은 없지만
어떤 것도 부족하지 않은 나와 마주 앉아
그 느긋함에 미소 지을 수 있다면.

상식의 배반

병원에 자주 가는 사람과 자주 가지 않는 사람 중에
누가 더 건강할까?

자주 싸우는 부부와 싸우지 않는 부부 중에
누가 더 행복할까?

많은 시간 일을 하는 사람과 그렇지 않은 사람 중에
누가 더 소득이 높을까?

개인 약속이 많은 사람과 적은 사람 중에
누가 더 인간관계가 좋을까?

말이 많은 사람과 그렇지 않은 사람 중에
누가 더 친구가 많을까?

현실은 자주 상식을 배반한다.
상식은 넘어서야만 할 무엇이다.

중년

무지의 장벽을 넘고
욕망의 파도를 건넌다

영혼의 슬픔을 딛고
희망의 노래를 듣는다

이별의 아쉬움을 달래며
낭만의 서풍에 웃는다

좋은 삶의 시작

걷는 것이 좋은 삶의 시작이다
목적 없이 걸어라
복잡하고 혼탁했던 것들이
단순해지고 분명해진다
칸트는 매일 오후 3시에 산책을 했고
니체는 하루에 8시간씩 걸으며 생각을 깨웠다

때

무엇이든 하고싶을 때가 있고
어떤 것도 하고싶지 않을 때가 있다

적극적으로 행동해야 할 때가 있고
조용히 상황변화를 기다려야 할 때가 있다

능력을 발휘하여 성과를 내야 할 때가 있고
중력에 맡겨 어딘가로 끌려들어가야 할 때가 있다

여럿이 힘과 지혜를 모아야 할 때가 있고
홀로 성찰하며 밤하늘의 별을 쳐다봐야 할 때가 있다

태도

들을 때는 귀를 기울이되
마음의 귀로 들어라

볼 때는 겉과 속을 모두 살피되
영혼의 눈으로 보라

말할 때는 가볍지 않게
행동으로 말하라

생각할 때는 사실과 바램을 구분하되
현재에서 미래로 나아감을 생각하라

기도할 때는 성찰의 자세로 하되
나 아닌 힘없는 자를 위해 기도하라

산책

화성 성곽을 에돌아 팔달산 중산간을 걷는다
바람 한 점에 천금이다
먼저 간 이들 생각하며 솔잎 사이로 내리는 햇살을 손에 쥔다
작은 돌 몇 개를 포개어 정성을 올리고 사방을 둘러보니,
초록이 예술이다.
다시 또 5월은 뜨겁고
내 마음도 달아오른다.

사피엔스, 길을 잃었다

비가 그치자 화창한 하늘이 또 불덩이를 토해낸다
화염이 멈추면 또 물폭탄이 터진다
2023년 6월 2일 시베리아 섭씨 39.6도
인간의 오만에 대한 자연의 응징에는 자비가 없다
세상에는 흙과 나무, 물과 바람, 빛과 어둠만 있는 게 아니다
모든 생명체의 진화와 애환이 있고 자연의 통렬함과 비정함이 있다
인간의 오류와 범죄가 있고 자연의 심판과 보복이 있다
보이지 않는다고 없는 게 아니다
더 무서운 진실은 언제나 숨겨져 있다
인간은 자연의 자식으로 태어났으나 자연의 파괴자로 성장했고
마침내 자연의 두 번째 희생자로 지목되었다
사피엔스, 길을 잃었다

중년 2

가치를 생각하는 일
철학이 있는 쉼
인생은 한번 뿐이다
성공에 대한 집착을 버려라
재미도 있고 의미도 있다면 더 바랄게 없다
나이가 들면 더 커지려는 생각보다
더 깊어지는 걸 고민해야 한다

웃음에서 눈물까지

행복, 성공, 기쁨, 보람, 낭만, 자유로는
인생을 다 말할 수 없다
슬픔, 실패, 불안, 고통, 이별, 후회가
더 자주 삶을 흔들어 댈 것이다
삶은 빛과 어둠의 공존이고,
의미와 무의미의 혼합이며,
웃음에서 눈물까지다
쓸쓸한 인생 여정에서 공짜란 없고
과한 욕망의 끝은 언제나 허무(虛無)다

하심(下心)

삶의 본질적 가치는
욕망을 향해
올라가는 삶이 아니라
욕망으로부터
내려오는 삶에 있다
눈에 보이지 않아도
꽃향기는 천리를 가고
사람의 향기는 만리까지 퍼진다

독백

하고 싶은 말을 다하지 말고
거짓을 말하지 마라

급할수록 서두르지 말고
힘들다고 중도에 멈추지 마라

슬픔을 과장하지 말고
분노의 포로가 되지 마라

삶을 지키는 건 용맹의 칼이 아니라
인내의 방패다

이별하는 자의 마지막 키스

석양은 이별까지도 아름답게 물들인다
음울한 기억이 산어귀 뒤편으로 사라진다
빛과 어둠이 자리바꿈하는 개와 늑대의 시간

이별의 순간이다
이별하는 자의 키스엔 꿀 대신 서늘한 바람이 흐른다

생사를 넘나드는 위중한 어미를 둔 친구는 매주 천리길을 오가며
천륜을 다한다
오늘의 이별 연습이 내일의 이별을 위로할 리 없건만
고단한 자식의 발걸음이 어미의 쓸쓸함을 위로하리라 믿는다

만남이 필연이듯 이별도 필연, 이별은 내일을 기약하지 않는다
떠나는 이에겐 가야 할 곳이 정해져있어 막을 수 없다
과거를 기억하려는 몸짓과 과거를 잊으려는 몸짓이 뒤엉킨다

술 한 잔에 눈물 한 스푼, 이별하는 자의 마지막 키스에는
노을빛 설움이 묻어난다

당신에게선 티가 난다

Beauty 아름답다
Necessity 필요하다
Personality 개성이 있다
Honesty 정직하다
Liberty 자유롭다
Ability 유능하다
Possibility 가능성이 있다
Originality 고유하다
Priority 우선이다
Sensibility 감각적이다

좌우명(座右銘)

상식 너머에 감동이 있다

삶의 크기는 꿈의 크기에 비례한다

인생은 과정의 미학이다

꿈은 땀과 만나야 별이 된다

지혜로 안되면 용기를 내고 용기로도 안되면 인내하라

인생은 확신과 의심 사이의 끊임없는 대결이다

뭔가 해야 뭔가 된다

인생에 공짜는 없다 그러나 인연은 있다

결핍은 완벽한 삶의 첫 번째 조건이다

편안함이 계속되면 위기가 온다

진실

모르면 아는 척 말고
못났으면 잘난 척 마라

없으면 있는 척 말고
약하면 강한 척 마라

진실은 숨길수록
더 잘 드러난다

삶의 영수증

머지 않아 내 삶도 종착역에 도달할 것이다

나는 그것을 아비를 떠나보내며 배웠다

그 후로 뭔가 선택할 때는

삶의 종착역에서 제시해야 할 영수증을 챙긴다

검소하지만 누추하지 않고 빛나지만 사치스럽지 않게 살리라

시간은 쏜살같고 나이를 원망할 순 없다

귀엽던 아이들이 늠름해지면 나의 등은 굽는다

뿌린 내린 삶이라야 무성한 잎과 열매를 기대할 수 있다

끝이 있어 삶은 아름답다

사람

웃음은 감정이고

눈물은 인격이며

믿음은 철학이다

기억의 조각

나도 모르게 많은 일들이 시작되었다.
끝을 알 수 없는 많은 일들이.
깊고 넓은 물이 소리없이 흘러갔다.
목적지를 알지못한 채,
타고 나면 재가 되는 모닥불처럼,
희미한 기억의 조각만을 남기며 조금씩 사라져갔다.
인생의 반환점을 돌아 출발점으로 한참을 더 왔다.
지나간 시간을 그리워하며,
아쉬움을 넘어 간절함으로.
그리고
오늘은 또 내일의 기억이 된다.

씨앗

여기 씨앗이 하나 있다
씨앗 안에는 무엇이 들어있을까?
그것을 어떻게 알 수 있을까?
씨앗을 열어볼까?
현미경으로 관찰해볼까?
나는 심고 가꾸어 보리라

플레이어

시장통에 가면 상인이 되고
세미나에 가면 학자가 되고
운동장에 가면 선수가 되라

두 눈만 껌뻑이며 쳐다보는
구경꾼이 아니라
플레이어가 되라

삶의 구들짱

후회가 없다면 그건 헛살았다는 얘기다
삶의 구들짱은 실패와 좌절, 후회와 눈물에 의해
따뜻해진다
추위와 배고픔을 모르는 자에겐
조금의 시간도 내어주기 아깝다
가진 게 없는 것보다
누군가에게 해줄 말이 없는 게
진짜 가난이다
쉽게 산 사람보다 힘들게 산 사람에게서
삶의 향기가 난다
후회도 공부요, 실패도 자산이다

아직 늦지 않았다

'이런들 어떻고 저런들 어떠랴' 하는 말은 헛소리다
몸이 아프면 부귀영화가 의미없고,
시간을 낭비하는 건 가장 큰 죄다
뿌린대로 거두는 게 인생이다

꼰대가 되지 않으려면 신지식을 공부해야 한다
먼저 힘들고 나중에 편안한 게 낫고,
뭘 먼저 할지, 뭘 나중에 할지 아는 게 지혜다
가정과 건강과 직업이 안정되면 좋은 인생이다

오늘은 남은 인생에서 가장 젊은 날이다
아직 늦지 않았다

더 중요한 것

무엇을 알고 있느냐 보다 무엇을 믿고 있느냐가
더 중요하다

무엇을 하고 있느냐 보다 무엇을 하고 있다고 생각하느냐가
더 중요하다

어떻게 살고 있느냐 보다 어떻게 살고 싶은가가
더 중요하다

돈이 얼마나 있느냐 보다 돈으로 무엇을 하려고 하느냐가
더 중요하다

얼마나 성공했느냐 보다 무엇을 성공이라고 생각하느냐가
더 중요하다

화이부동(和而不同)

사람은 누구나 그가 사는 시대를 닮는다
그것으로부터 자유로운 사람은 없다
닮는다는 건 천천히 물들어가는 것,
그러나 어느 순간 자신의 색깔을 만들어낸다
복제가 아니라 화이부동이다
정약용은 18년간의 유배생활을 했으나 그 시간에
〈목민심서〉라는 민생의 옥토를 개간했다
윤동주는 비운의 삶을 살다 27세의 나이로 후쿠오카 형무소에서
생을 마감했지만 천년에 남을 〈서시〉를 남겼다
신영복은 20년간 감옥에서 고전을 일고 수형자들을 관찰하며
〈감옥으로부터의 사색〉을 써서 세상의 등대가 되었다
화이부동은 긴 시간의 축적을 통해 질적인 전환을 이루는 삶의
방편이며, 평범함에서 위대함으로 나아가는 인생의 법칙이다

풀잎 이야기

이른 아침, 풀잎이 제 몸을 가지런히 숙이고 있는 건 이슬방울이 무거워서가 아니다. 땅에 대한 공경이다

해질녘, 풀잎의 온 몸이 흔들리는 건 바람이 두려워서가 아니다. 하루내 내려앉은 흙먼지를 털어내는 의식이다.

깊은 밤, 풀잎이 낮은 목소리로 노래하는 건 춥고 외로워서가 아니다.
먼 곳에서 제 몸을 비춰주는 달과 다정히 얘기 나누는 것이다.

벽과 문

높은 벽이 앞을 가로막고 있었다
두려웠다
그러나 힘껏 밀었다
열렸다
신은 인간 삶의 곳곳에 벽의 형태로 문을 만들어 놓았다
어떤 벽도 없는 곳이야말로 위험한 길이다
벽이 문이다

선물

어떤 하루는 행복이 아닐지도 모른다
그러나 삶은 최고의 선물이다
후회와 눈물, 의심과 미움으로 떠나보내기에
인생은 너무 짧다
꼭 어떤 사람이 되어야 하는 건 아니다
꼭 무엇을 알아야만 하는 것도 아니다
인간은 존재 자체로 귀하다
결핍이 있기에 내 삶은 더 충만했다

소식(小食)

자기 위장의 100%를 먹으면 평범하다
3/4을 먹으면 의사가 필요 없다
2/4를 먹으면 늙지 않는다
1/4을 먹으면 신이 된다
소식이 생명을 살린다

일과 사랑

같은 곳에 있어도 다른 것을 생각하는 사람들이 있다
일을 하고 있기 때문이다

다른 곳에 있어도 같은 것을 생각하는 사람들이 있다
사랑을 하고 있기 때문이다

일은 생각이 복잡하고
사랑은 공간을 초월한다

나약함에 대하여

인간은 나약한 존재라서
기쁨보다 슬픔의 강을 더 자주 건너야 한다

선한 것으로부터는 영향을 받지만
악한 것으로부터는 지배를 받는다

인간의 한계

인간은 허가된 것보다 금지된 것에 더 빠져든다.
설사 그 길에서 고난과 만날지라도,
그것은 오류가 아니라 한계다.

눈물이 많은 사람

눈물이 많은 사람은 비밀이 많기 때문이다

말이 많은 사람은 외로움이 많기 때문이다

잠이 많은 사람은 영혼이 지쳐있기 때문이다

겁이 많은 사람은 잃을 게 많기 때문이다

후회가 많은 사람은 욕심이 많기 때문이다

상처

사람을 믿으면 상처를 받을 수 있다
그러나 사람을 믿지 못해 받는 상처 보다는 작다

사랑을 하면 상처를 받을 수 있다
그러나 사랑을 하지 못해 받는 상처 보다는 작다

꿈을 꾸면 상처를 받을 수 있다
그러나 꿈이 없어 받는 상처 보다는 작다

시인의 자격

돈의 힘을
바람에 날려 떨어지는 꽃잎 보다 가볍게 생각한다
그것이 시인의 자격이다

권력의 힘을
강물을 거슬러 오르는 연어 보다 작게 생각한다
그것이 철학자의 자격이다

백년 재

우리네 가는 길에 고통스런 고개와
위태로운 내리막 어찌 없으리
그러나 눈부신 경치와 신비한 꽃 보물처럼 숨어 있네
평탄한 길에선 평이한 일, 평범한 삶만이 있을 뿐.

꾸불꾸불 좁은 길, 앞이 보이지 않아서
뛰어갈수도 수레에 짐을 싣고 갈수도 없네
어쩔 수 없이 작은 봇짐에 물병 하나 들고 걷는 인생 길,
앞서거니 뒷서거니 백년 재 넘어가네.

전환의 길목에서

사는 게 편하고 쉽다면 길을 잃었다는 것
고달프고 막막한 순간에 삶의 진실과 만난다

매미와 귀뚜라미의 시간 9월 초순, 뜨거운 여름 땡볕과
조석으로 불어오는 서늘한 바람이 번갈아 길을 묻는다

작고 여린 사실들을 모으고 쌓아 진실의 문을 연다
땀과 바람을 삶의 뿌리까지 밀어넣어 열매 하나를 키워낸다

전환의 길목에서
오직 믿는 것이 길이다

사족(蛇足)

한용운은 詩 〈군말〉에서 "그리운 것은 다 님이다.
중생이 석가의 님이라면 철학은 칸트의 님이다"라고 썼다.

고개가 끄덕여지는 영감어린 글귀다.

그렇다면 쉼이 그리운 사람에겐 쉼이 님이고,
자유가 그리운 사람에겐 자유가 님이겠다.

사족이겠으나 이 한마디를 보탠다.

그리운 것은 다 님일 수 있으나,
님이라고 다 그리운 것은 아닐 것이다.

누군가에게 님은 천번의 눈물이다. 만나니 기뻐 눈물이고, 헤어지니 슬퍼 눈물이고, 기대가 크니 서운해 눈물이고, 힘들 때 곁에 없으니 서러워 눈물이고, 사랑이 전과 다르니 배신감에 눈물이다.

님이 있어 눈물은 마르지 않는 삶의 의미가 된다.

불꽃

꽃이 되어 다가오라
불꽃으로

신이 되어 나아가라
혁신으로

술 먹는 밤

욕심을 내려놓고 돌아서서
깡소주를 입이 넘치게 들이부었다

거리의 나무들이 허전한 내 마음을 알고
거칠게 어깨동무를 해온다

별은 또 왜 이리 크고 밝은지,
아 달이구나.

덥다고 웃통을 벗어던지고 걸었더니
밤바람이 칼이 된다.

올 가을은 내가 선방을 날렸다,
저 하늘을 향해.

어떤 경우에도 길을 묻지는 않을테다.
나이 육십에 제 집을 못찾으면 그 자리가 무덤이다.

제3장

비	로	소		
사	람	은		

눈(目)의 기능

눈은 보는 것이 제 일이다.
그러나 중요한 게 또 있다.
보지 말아야 할 것은
보지 않아야 한다.
눈을 뜨는 것만이 아니라
눈을 감는 것도 눈의 기능이다.

지구가 인간에게

지구의
가장 큰 골칫덩어리는
바로 너희
인간이다.

사하라사막에 홍수가 났고,
시베리아가 섭씨 40도까지 갔다.
북극의 빙하가 녹았고,
미국 캘리포니아는 섭씨 54.4도 지구 기록을 경신했다.

너희가 없어지면
괜찮아질런지,
나도 내가 어디까지 갈지
알 수 없다.

무제

용기가 부족하면
시작을 못하고

절제가 부족하면
멈추질 못한다

삶에 대하여

마라톤 선수가 달리기 쉬워서
달리는 것은 아니다
달려야만 하기 때문에 달리는 것이다

살아가는 것도 마찬가지다
사는 게 재미있고 쉬워서 사는 건 아니다
살아야만 하기 때문에 사는 것이다

어미 독수리에 의해 벼랑끝에서 내던져진
아기 독수리는 아무도 자기를 도와줄 수 없다는 걸 깨닫는 순간
날개짓을 하며 창공으로 날아올랐다
그는 연약했기에 강해질 수 있었다

외롭기에 인간은 성장할 수 있다
성장해야 하는 단 하나의 이유만 있다면

평범함

모든 행복과 모든 불행은 다 평범하다.

모든 성공과 모든 실패도 다 평범하다.

모든 희망과 모든 절망도 다 평범하다.

모든 정의와 모든 불의도 다 평범하다.

가능한 일이 일어나고 있는 것일 뿐,
불가능한 일은 결코 일어나지 않는다.

인생은

인생이란
세상의 변화를 분모로 하고
나의 변화를 분자로 하는
분수식이다

구름과 바람

구름의 꿈이 비가 되어
바다에 이르는 것이라면

바람의 꿈은 거침 없이 날아
구름을 흔드는 것이다

어떻게 살 것인가

열정과 책임감과 균형감각으로 살아가라

크게 이루려면 위험을 감수하고 크게 도전하라

무엇을 아느냐 보다 무엇을 믿느냐가 더 중요하다

행복은 소유가 아니라 공유에서 온다

상식 너머에 감동이 있다

경계에 서다

하고 싶은 것과 해야만 하는 것의 경계에 서 있다
이미 알고 있는 것과 결코 알 수 없는 것의 경계에 서 있다
정복할 수 있는 것과 정복할 수 없는 것의 경계에 서 있다
희망과 절망의 경계에 서 있다
확신과 의심의 경계에 서 있다
무엇보다 자신감과 두려움의 경계에 서 있다
이 섬뜩한 경계가 내가 사는 세상의 전부다

영원한 건 없다

꿈이 없는 사람은 없다
꿈을 이루는 사람이 적을 뿐이다

재능이 없는 사람은 없다
재능을 발휘하는 사람이 적을 뿐이다

누구나 승리할 수 있고 누구나 실패할 수 있다
그러나 영원한 건 없다

사계절은 아름답지만 그 속엔 혹독한 추위와 지독한 더위,
거친 폭풍우와 매마른 가뭄도 함께 들어있다

세상은 모든 욕망과 가치와 가능성의 혼합물이다

삶은 그 자체로 재미있다.
그러나 재미가 그 자체로 삶이 되는 것은 아니다

신은 인간에게 삶을 선물했지만 삶에 대해 가르쳐주지는 않았다

정년퇴직

마스터의 정년퇴직은 대형 도서관 한곳을 폐쇄하는 것과 같다
공동체에는 오래된 지혜의 숲이 필요하다
인간의 삶은 진실과 가치를 담는 그릇이다

질문과 답

산다는 건 누군가의 질문에 답하는 것이자
누군가에게 질문하는 것이며
궁극적으로 자기 자신의 질문에 답하는 것이다

나는 어찌

霧 안개는 아무도 모르게 퍼져 나가 온 마을을 제 품에 숨기는데, 나는 어찌 짧은 말 한마디 숨기지 못하고 마냥 세상 입방아에 오르내리는가

雪 눈은 소리 없이 내려도 드넓게 쌓여 온 세상을 순백으로 바꾸는데, 나는 어찌 이루는 거 없이 매일 요란하기만 한가

風 바람은 눈에 보이지 않아도 동서남북을 소통시키고 춘하추동을 순환시키는데, 나는 어찌 아이에서 청년으로, 장년으로, 노년으로 넘어가기가 이다지 버거운가

水 물은 낮은 곳, 갈라진 곳, 매마른 곳을 고르게 적시고 채우며 쉼 없이 흘러 강으로 바다로 제 길 따라 가는데, 나는 어찌 갈 곳 몰라 제 자리만 맴도는가

서산(西山)

바위섬이 파도를 피하지 않듯이
한번 쓰러져본 검투사는 두려움을 잊는다

이미 외로운 사람에게 쓸쓸함은 사치다
한술 밥에 목이 메인다

많이 가진 이들은 결핍을 모르니, 인생을 어찌 알랴
네가 아픈 건 몸이 아니라 마음 둘 곳이 없어서다

서산에 해 기우는데
노을이 예술이다

소나무

인생이란 휘어 자란 한 그루 소나무 같은 것
비가 오면 비를 맞고 눈이 오면 눈을 맞으며 결코 도망치지 않는 것
바람 불면 바람에 맞서고 눈보라 치면 눈보라에 맞서며 제 밑둥을
키우고 솔방울을 맺는 것
뜨거운 볕을 이기고 엄동설한을 참으며 푸르름을 잃지 않고
땅을 지켜 서 있는 것
자신의 몫을 다하기 위해 휘어지고 옹이 박혀도 심지를 곧추세워
붉은 꽃으로 승화시켜 가는 것
푸르다는 건 죽지 않는 것이 아니라 죽을 때까지 자기다움을
잃지 않고 사는 것

삶에 대하여

니체는 물었다.
"쉬운 삶을 원하는가?"
그리고 스스로 답했다.
"그렇다면 항상 무리와 함께 하고 그 무리 속에서 자신을 잃어버리면 된다."

삶이란 쉽고 어렵고의 문제가 아니다.
세상 속에 자신을 새겨넣는 일이고, 자기를 잃어버리지 않으려는 몸부림이다.

새겨넣을 한마디가 없는 자의 삶은 초라하다. 자기를 잃어버린자의 영혼은 먼지가 되어 허공에 날린다.

소유하지 않을 때 더 많이 누릴 수 있다. 삶은 흐르는 물과 같으니, 강을 버려야 바다에 이를 수 있다.

맷돌

맷돌에 던져진 콩은 부서지지 않을 수 없다
삶도 마찬가지다
권력과 돈은 맷돌의 윗돌, 아랫돌과 같다
맷돌에 던져진 삶은 부서지고 만다

몰락

쾌락이 없으면 타락이 없고
타락이 없으면 추락이 없고
추락이 없으면 몰락이 없다

외로워마라

외로워마라
그리우니 사랑이다

슬퍼마라
괴로우니 사람이다

도망치지마라
상대도 두려워하고 있다

포기하지마라
먼저 멈추는 자가 패자다

삶에서 배운 것들

삶에 대해 대답하기 전에 먼저 삶에 대해 물어야 한다. 가야할 길을 모르는 자에게 순풍이란 없다. 버려지는 시간이 쌓이면 결국 인생이 버려진다. 사람은 그가 가장 자주 생각하는 삶을 살게 된다. 인간이 누리는 최고의 자유는 하고 싶은 것을 할 수 있는 자유가 아니라, 하기 싫은 것을 하지 않을 자유다. 길을 잃었을 때 비로소 삶은 드라마가 된다. 물러설 이유가 없고 물러설 곳도 없을 때 사람은 앞으로 나아갈 수 있다. 고난이 먼저 오고 행운은 숨어서 뒤따라오는 게 인생이다. 부서질 것을 두려워하지 않는 자만이 망치를 잡을 자격이 있다. 삶의 가장 훌륭한 나침반은 경전과 스승이 아니라 꿈과 사랑이다. 어둠이 깊다고 아침을 포기할 수는 없다. 나를 속이는 건 남이 아니라 언제나 나 자신이다.

아름답다는 것

꿈은 아름답다. 그러나 땀은 더 아름답다.

승리는 아름답다. 그러나 도전은 더 아름답다.

박수 소리는 아름답다. 그러나 웃음소리는 더 아름답다.

그리워하는 것은 아름답다. 그러나 믿는 것은 더 아름답다.

웅변은 아름답다. 그러나 침묵은 더 아름답다.

음식 먹는 소리는 아름답다. 그러나 요리하는 소리는 더 아름답다.

차 소리는 아름답다. 그러나 발자국 소리는 더 아름답다.

뱃사공과 나무

외로운 뱃사공이 작은 노 하나를 부여잡고 유유히 흐르는 강물과 벗하자, 쓸쓸한 나무 한그루 사공에게 말을 건넨다.
"이보게 친구, 어제 말이지, 구름이란 놈이 내게 다가와서 ....."

결정의 법칙

넓게 보라
깊게 파라
중심을 찾아라
역으로 생각하라
Plan B를 준비하라

외로움의 가치

타인과의 친밀이 과하면
역설적으로
타인에 대한 의존이 커지고
자신감은 작아진다
기꺼이 외로워야 한다
그것이 자신을 지키는 길이다

너의 곁에

손을 내밀면 닿을 수 있는 그 곳에
속삭이면 들을 수 있는 그 곳에
눈을 뜨면 볼 수 있는 그 곳에
언제나 그 곳에 있을께
너의 곁에

행복의 비밀

삶이 행복한 사람은 작은 일에도 정성을 다하고,
그 보다 더 작은 것에도 감동한다.
큰 일, 큰 감동을 찾아다니느라 진짜 행복이 빠져나가는 걸
놓치지 말자.

육감(六感)

입과 귀는 사실을 모를지도 모른다
말과 글은 진실을 가려내지 못할지도 모른다
그러나 육감에는 거짓이 없다
희고 검은 것만으로 진실을 다 표현할 수는 없다
그러나 두근거림과 불안함은 진실이다
사랑해서 후회하는 것이 아니라
사랑을 확인하려 하다가 후회한다
육감이 없으면 진실도 없다
육감은 옳고 그름의 문제가 아니라
존재의 증거요 관계의 모든 것이다
그대의 육감을 믿어라

믿을 수 없는 사람

실패를 모르는 사람은 믿을 수 없다
슬픔을 모르는 사람은 믿을 수 없다
가난을 모르는 사람은 믿을 수 없다
외로움이 없는 사람은 믿을 수 없다
두려움이 없는 사람은 믿을 수 없다
억울함이 없는 사람은 믿을 수 없다
분노하지 않는 사람은 믿을 수 없다
인내하지 않는 사람은 믿을 수 없다
성찰하지 않는 사람은 믿을 수 없다
혁신을 모르는 사람은 믿을 수 없다
겸손을 모르는 사람은 믿을 수 없다
좌절을 모르는 사람은 믿을 수 없다

지리산

깊이를 헤아릴 수 없는 깊고 따라로운 숲.
섬세한 감성, 빛나는 지혜, 거대한 도전, 놀라운 반전까지 모두 품는 능선과 계곡.
언제까지나 오르고 배우며 느끼고 싶다

12월

춥다
따뜻해라
마음이 먼저다
그대 곁에
내가 있다

미소

슬플 때 짓는 미소는
미소 이상이다

아플 때 짓는 미소는
미소 이상이다

고독할 때 짓는 미소는
미소 이상이다

미소는 희망을 포기하지 않는
심장의 의지다

허물

그리운 이가 그리워하는 것은 허물이 아니다

서러운 이가 서러워하는 것은 허물이 아니다

힘든 이가 힘들어하는 것은 허물이 아니다

두려운 이가 두려워하는 것은 허물이 아니다

배고픈 이가 배고파하는 것은 허물이 아니다

그러나

산 이가 죽은 척하는 것은 허물이다

모르겠다

좋은 삶이 무엇인지 모르겠다
어제의 삶을 반성할 때는 알 것 같더니,
내일의 삶을 계획하려니 모르겠다
다만 알겠다
많이 소유한 삶,
높이 올라간 삶,
널리 알려진 삶이,
좋은 삶의 척도는 아니라는 것은
집착이 많은 삶이 좋은 삶은 아니라는 것은

비로소 사람은

더 배우려하지 않을 때
비로서 사람은 늙는다

더 일하려하지 않을 때
비로서 사람은 병든다

더 먹으려하지 않을 때
비로소 사람은 죽는다

육십이 되면

문득 삶에 대해
또는 꿈에 대해
또는 사랑에 대해
묻는다

나이들어 삶이 허무해지리란 걸 모르지 않는다
꿈이 족쇄가 되어 자유를 옥죄게 되리란 걸
모르지 않는다
사랑이란 말 속에 사랑이 들어있지 않다는 걸
모르지 않는다

나이 육십이 되면
깨닫는 것은 많아도 마음은 더 조급해지고
느끼는 것은 많아도 삶은 더 단순해지고
아는 이는 많아도 곁에 사람은 더 없다

어쩌면 여기는 나를 가둔 욕망의 동굴
질문은 언젠가 답이 없다는 것을 확인하기 위해
필요하다

회상(回想)

낯선 곳에서의 어색함과 설레임, 긴장과 망설임으로 낯선 이의 시선을 피해본 사람은 안다.

그 처음이 주는 마치 진공상태에 홀로 남겨진듯한 묘한 침묵의 순간, 나는 그 때 그들을 그렇게 만났다.

가난한 고학생의 자췻방 같기도 하고 비 좁은 창고 같기도 했던 대학교 학생회관 서클룸에서.

청춘의 한페이지를 장식하는데서 그치지 않고 내 인생 전체의 밑그림을 그렸던 그 시절, 무모한 정의감과 통제되지 않는 열정은 민주화투쟁을 기획했고 통일운동을 선도했다.

어쩌면 많은 나약한 소시민들의 대리만족 도구가 되기도 했던, 과녁도 모른체 돌아오지 않는 화살처럼 쏘아져 날아갔던 그 날들.

두려움이 없었다면 거짓이다. 다만 불안도 낭만이 되었던 때였다. 힘들지 않았다면 거짓이다. 다만 힘들지 않은 정의는 없다고 믿었을 뿐이다.

쫓기고 또 쫓기고 그러다 아프고, 가위에 눌려 제대로 눕지도 못하고 책상에 엎드려 잠들던 그 밤들.

썰렁한 골방엔 지친 내 몸이 던져져 있었지만 정작 이것이 삶이라고 할만한 확신은 없었다.

레지스탕도, 피난민도, 전염병 환자도 아니었고 다만 이방인이었다. 낮밤도 안팎도 구애받지 않으며 동가식 서가숙 하였다.

90년대 초 어느날 나는 저항의 세상에서 비판적 시각과 분석적 논리만을 챙겨 경쟁의 세상으로 뛰어들었다.

그 곳에서, 그들과, 그렇게 했던 그 때로부터 30년이 넘게 지났다. 세상은 그대론데 내 몸이 풍화되고 있다.

욕실(欲實)

눈을 떠서 감을 때까지 숨을 쉬므로 너는 살아 있다
아니다
너는 살아있으므로 숨 쉰다
그리고
너는 살아있으므로 욕망이 있다
그러나
욕망이 있지만 계획이 없다
욕망이 있지만 열정과 행동이 없다
욕망은 있지만 결실이 없다
유욕무실(有欲無實)
욕실이다
욕실이 유령처럼 허공을 떠돌고 있다
21세기의 자화상이다

후회 예찬

후회 예찬

후회한다는 건 죄를 졌다거나 부끄럽다는 말이 아니다. 더 나은 선택이 있었는데, 그러지 못해 안타깝다는 의미다. 열심히 하지 않았다는 말도 아니다. 이제 할만큼 했으니 몸에 힘을 빼고 앞이 아니라 옆도 좀 돌아보자며 몸을 돌리는 것이 후회의 가장 쉬운 코스다. 뭔가 시작하기엔 너무 늦었다고 생각하는 것은 후회의 가장 많은 유형이다. 후회에도 장르가 있다. 돈에 대한 욕심이 1순위다. 수십년간 돈의 함정에 빠져 있다. 나이 들어 후회의 금메달을 목에 건다. 아 ~~ 이게 아니었는데…

성공에 대한 집착은 후회 부문 은메달이다. 남들로부터 인정받고 박수 받는 맛에 취해 정신 없이 달려가다 모질게 쓰러진다.
그리곤 아~~ 이게 뭐지?
사람에 대한 지배 심리도 후회의 메달감이다. 가족, 연인, 친구, 그 외 많은 약하고 선한 이들이 사냥감이 되어 숨죽이며 살고 있다. 누군가를 소유하고 통제하고 싶은 마음이 역설적으로 그 마음으로부터 지배를 받게 한다. 그러다가 아 ~~ 내가 왜 그랬을까.
후회는 누구나 다 한다. 선택이 아니라 필수 과목이다. 그러나 동시에 누구나 다 외면하고 회피하고 싶은 의제다.

후회를 하지 않는 것과 후회를 인정하지 않는 것을 동일시하다 자신을 후회의 적으로 만든다. 후회에 역행하는 것이 가장 크게 후회하는 길이고, 후회에 순응하는 것이 가장 작게 후회하는 길이다. 후회를 악마화하지 않는다면 후회는 더 이상 삶의 코로나가 되지 않을 것이다. 나는 많이 웃고 많이 울지 못한 걸 후회한다. 노래 부르고 춤추며 살지 못한 걸 후회한다. 더 많이 도전하다 실패하고, 더 많이 실수하고 망신당하지 못한 걸 후회한다. 만일 좀 더 일찍 후회와 친구가 되었더라면, 지금보다 더 재미있는 삶을 살았을텐데 말이다.

한 줄 생각 - 성찰과 혁신의 3 6 5 일

상식 너머에 감동이 있습니다.

1월

1월 1일
\# 가야 할 방향을 모르는 사람에게 순풍이란 없습니다.

1월 2일
\# 버려지는 시간이 쌓이고 쌓이면, 결국 인생이 버려집니다.

1월 3일
\# 더 큰 가치를 위해 고개 숙일 수 있어야 용기있는 사람입니다.

1월 4일
\# 내력과 외력의 대결, 주체적 의지와 객관적 조건 사이의 대화, 그것이 인생입니다.

1월 5일
\# 성공에는 용기가 필요하고 행복에는 인내가 필요합니다

1월 6일
\# 용감하게 도전하고 최후까지 인내할 때, 꿈은 이루어집니다.

1월 7일
\# 혁신은 경험의 한계를 벗어나 신세계와 만나는 새로운 도전이며, 고정관념과의 단호한 결별입니다.

1월 8일
\# 좋은 것들을 소유하는 대신, 재미 있고 의미 있는 것들에 도전하는 것이 행복한 인생입니다.

1월 9일

\# 연습할수록, 인내할수록, 공부할수록 운도 좋아집니다.

1월 10일

\# 어제와 같은 생각을 하면, 어제와 같은 삶을 살 수밖에 없습니다.
　현재를 어쩔 수 없다고 받아들이면, 현재보다 나은 내일은 불가능
　합니다.

1월 11일

\# 정의롭지 못한 방법으로 정의로운 세상이 오지는 않습니다.
　목적은 결코 수단을 정당화하지 못합니다.

1월 12일

\# 남과 다른 삶을 살려 하면, 남과 다른 길을 가야 합니다.

1월 13일

\# 나아가는 것은 기술이고 멈추는 것은 예술입니다.

1월 14일

\# 인간에 대해 답하기 이전에 먼저 인간에 대해 물어야 합니다.
　삶에 대해 답하기 이전에 먼저 삶에 대해 물어야 합니다.

1월 15일

\# 인생은 재미와 의미, 두 수레바퀴로 굴러갑니다.

1월 16일

\# 디테일과 스케일, 두 마리 토끼를 다 잡는 사람이 꿈을 이룹니다.

1월 17일

혼탁하고 불안한 세상을 건너가는 힘은 양적 크기가 아니라 질적 깊이에서 나옵니다.

1월 18일

밀가루가 빵이 될 수는 있지만 빵이 다시 밀가루가 될 수는 없습니다. 뭐든 시작할 때 방향을 잘 정해야 합니다. 삶이란 되돌이키기 힘든 과정의 연속입니다.

1월 19일

습관의 노예가 되지 말고 최초의 도전자, 퍼스트 펭귄이 되어야 합니다.

1월 20일

인생의 가장 훌륭한 나침반은 지도와 지식이 아니라 꿈과 사랑입니다.

1월 21일

인생은 결핍과 욕망 사이를 오가는 시계추와 같습니다.

1월 22일

사람은 그가 가장 많이 생각하고, 가장 많이 말하는 것을 닮아갑니다.

1월 23일

인생에서 가장 결정적인 요소는 아느냐, 모르느냐가 아니라 행동하느냐, 하지 않느냐 하는 것입니다.

1월 24일

길이 보여서 걷는 것이 아니라, 걷다 보면 길이 보입니다.

1월 25일

\# 농부는 날씨와 연장을 탓하지 않습니다. 오직 자신의 무지와 게으름을 탓합니다.

1월 26일

\# 세상에 단 하나의 정답은 없지만 명답은 있습니다. 명답을 제시하는 사람이 리더입니다.

1월 27일

\# 위기가 곧 기회는 아닙니다. 그러나 위기가 깊어 갈수록 기회가 가까이 와있는 것은 틀림없습니다.

1월 28일

\# 이기는 법 뿐만 아니라 잘 지는 법도 알아야 하며, 일하는 법 뿐만 아니라 잘 노는 법도 알아야 하며, 돈버는 법 뿐만 아니라 잘 쓰는 법도 알아야 합니다.

1월 29일

\# 꽃이 져야 열매를 맺습니다. 둘 다를 바라는 건 욕심입니다.

1월 30일

\# 세상 일이라는 게 될 일은 되고, 안 될 일은 안 됩니다. 98%는 그렇습니다. 그런데 2%는 안 될 일도 되고, 될 일도 안 됩니다. 그것이 세상의 틈이고, 그 틈에서 새로운 세상은 시작됩니다.

1월 31일

\# 문제를 비약시키거나 고통을 과장해서는 안 됩니다. 냉정을 잃으면 열정도 사라집니다.

2월

2월 1일

\# 자기를 가두고 있는 동굴 밖으로 걸어 나오세요. 생각을 바꾸고 행동을 바꾸면 비로소 진짜 세상이 보이기 시작할 것입니다.

2월 2일

\# 信 = 人+言, 믿는다는 것은 사람의 말을 믿는다는 것입니다. 말을 했으면 책임을 져야 하며, 책임질 수 없는 말은 하지 말아야 합니다.

2월 3일

\# 삶은 숙제가 아니라 축제가 되어야 합니다.

2월 4일

\# 지금껏 누려본 적 없는 것을 누리려면, 지금껏 가본 적 없는 길을 가야만 합니다. 실패할 배짱이 없으면 도전하지 못하고 성공할 기회마저 없을 것입니다.

2월 5일

\# 인생이 꼬이는 이유는 두 가지입니다. 전진해야 할 때 후퇴하고, 후퇴해야 할 때 전진하기 때문입니다. 타이밍과 판단력, 인생은 스포츠 경기와 같습니다.

2월 6일

\# 삶에서 중요한 것은 대답이 아니라 질문이고, 말이 아니라 실천입니다.

2월 7일

\# 믿음은 의심이 없는 마음이 아니라 의심에 지지 않는 마음입니다.

2월 8일
최고의 자유는 하고 싶은 것을 할 수 있는 자유가 아니라, 하기 싫은 것을 하지 않을 자유입니다.

2월 9일
무능한 이들은 실패했고, 나약한 이들은 좌절했습니다. 교만한 자들은 추락했고, 거짓된 자들은 자멸했습니다. 그것이 역사입니다.

2월 10일
오늘은 남은 인생에서 가장 젊은 날이고, 새로운 인생의 첫날입니다.

2월 11일
인생의 20%는 스스로 창조하는 것이고, 나머지 80%는 다가오는 기회를 어떻게 활용하느냐에 달려있습니다.

2월 12일
어둠과 그늘을 비추는 것이 빛의 진정한 가치입니다

2월 13일
일 처리의 핵심은 우선순위입니다. 해야 할 일의 우선순위를 세 가지로 압축하고, 6 : 3 : 1로 시간과 에너지를 배분하는 것이 성과적입니다.

2월 14일
청렴한 공직자는 자신의 권한보다 더 많은 책임을 지고, 자신의 몫보다 더 적은 대가를 바랍니다.

2월 15일
추운 겨울을 따뜻하게 나는 비결은 두꺼운 옷을 입는 것이 아니라 마음을 따뜻하게 하는 것입니다.

2월 16일
여행의 진정한 목적은 외부 세계를 구경하는 것이 아니라 자기에 대한 새로운 발견입니다.

2월 17일
결점이 없는 사람이 위대한 것이 아니라 결점을 극복한 사람이 위대한 것입니다. 결점은 위대한 삶의 필수 조건입니다.

2월 18일
우리가 바꿀 수 있는 것은 과거가 아니라 미래이며, 미래를 결정하는 것은 바로 오늘입니다.

2월 19일
자기 인생의 운전대는 자기가 잡고 가야 합니다. 운전대를 놓치거나 남에게 빼앗기면 인생의 위기가 시작됩니다.

2월 20일
일이 잘 안되는 이유는, 못하기 때문이 아니고 안하기 때문입니다. 능력이 아니라 태도가 문제입니다.

2월 21일
사람은 두 가지 경우 전진합니다. 물러설 이유가 없을 때와 물러설 곳이 없을 때.

2월 22일
우유부단하고 결단력이 없는 것을 너그러운 것으로 미화시켜서는 안 됩니다. 결단이 발전의 시작입니다.

2월 23일

\# 땀 흘리는 것이 중요하다면, 뜸 들이는 것도 중요합니다

2월 24일

\# 고난이 먼저 오고 행운은 숨어서 뒤에 따라옵니다. 그것이 인생입니다.

2월 25일

\# 멘탈 관리의 핵심은 자기 마음의 무게중심을 현재가 아닌 미래에 두는 것입니다. 현재의 감정에 지배를 받으면 올바른 선택을 할 수 없고, 선택한 것에 집중할 수도 없습니다. 멘탈은 종종 실력을 압도합니다.

2월 26일

\# 뭔가 해야, 뭔가 됩니다.

2월 27일

\# 누구나 세상이 바뀌기를 바라지만, 자기를 먼저 바꾸겠다고 나서는 사람은 소수입니다. 그 소수가 세상을 이끌어 갑니다.

2월 28일

\# 부서질 것을 두려워하지 않는 자가 망치를 잡을 자격이 있습니다.

3월

3월 1일
\# 자기 스스로 준비되어 있지 않으면, 세상의 그 어떤 좋은 것도 다 그림의 떡일 뿐입니다.

3월 2일
\# 처음에는 사람이 꿈을 만들지만, 나중에는 꿈이 사람을 만듭니다.

3월 3일
\# 인간관계는 이성보다 감성이 중요하고, 감성보다 정성이 중요합니다.

3월 4일
\# 희망은 창조하는 것이 아니라 발견하는 것입니다. 희망은 이미 우리 곁에 와있습니다.

3월 5일
\# 세상을 안다고 말하는 바보가 있고, 세상을 모른다고 말하는 현자가 있습니다.

3월 6일
\# 결정력과 실행력, 그것이 진정한 능력입니다.

3월 7일
\# 행복이란 없던 것을 새롭게 소유하는 것이 아니라, 이미 가지고 있는 것을 느끼고 해석하는 감정입니다.

3월 8일
\# 실수와 실패를 두려워하지 마십시오. 그것들과 공존하고 동행할 때 마침내 성공으로 가는 문은 열립니다.

3월 9일

\# 인생이라는 여행길에서 역사만큼 훌륭한 가이드는 없습니다.

3월 10일

\# 한계란 없습니다. 스스로 자기 마음속에 절벽을 세우고 그 앞에서 멈춰서는 것입니다. 끊임없는 도전과 열정의 길에서 한계란 햇살 앞의 아침이슬처럼 사라집니다.

3월 11일

\# 실패를 두려워하지 마십시오. 적극적인 실패가 빛나는 성공을 낳을 수 있습니다. 연극배우를 향한 도전에서 실패했기에 세익스피어는 위대한 극작가가 될 수 있었습니다.

3월 12일

\# 길을 잃었을 때, 비로소 인생은 드라마가 됩니다.

3월 13일

\# 꿈이 있고 사랑이 있고 건강이 있다면 당신은 지금 천국에 서 있는 것입니다.

3월 14일

\# 내 밖의 적과 싸우는 것이 전쟁이라면, 내 안의 적과 싸우는 것이 혁신입니다.

3월 15일

\# 철학의 존재이유는 세계에 대한 인식이 아니라 삶에서 직면한 문제에 대한 해결입니다.

3월 16일

\# 인생의 도약은 점진적으로 배워가는 것이 아니라 실천의 과정에서 한순간 깨닫는 것으로 시작됩니다. 돈오점수가 아니라 돈오돈수입니다.

3월 17일

\# 캠페인의 핵심 포인트는 정체성과 차별성입니다.

3월 18일

\# 세상을 바꾸는 것이 삶의 외적 목표라면, 자신을 바꾸는 것은 삶의 내적 목표가 되어야 합니다.

3월 19일

\# 실패담은 성공담보다 더 교훈적입니다.

3월 20일

\# 나를 도와주는 사람의 숫자는 내가 도와주는 사람의 숫자와 궁극적으로 같습니다.

3월 21일

\# 신이 보낸 파랑새는 용기 있는 자의 어깨 위에 내려앉습니다.

3월 22일

\# 소중한 사람을 지켜내지 못하면 결국 아프거나, 떠나거나, 죽거나, 다치거나 합니다. 어리석음의 대가는 언제나 가혹합니다.

3월 23일

\# 훌륭한 인생의 다섯 가지 원칙은 꿈을 갖는 것, 시간을 낭비하지 않는 것, 도전하는 것, 인내하는 것, 성찰하는 것입니다.

3월 24일

\# 모범 인생은 성실한 팔로어를 만들고, 모험 인생은 창조적 리더를 만듭니다.

3월 25일

\# 자기성찰 노력이 없다면 인간은 누구나 파시스트가 될 수 있고 마피아가 될 수 있습니다.

3월 26일

\# 꿈은 땀과 만나야 별이 될 수 있습니다.

3월 27일

\# 그대가 가진 소중한 것 중 하나를 사석(死石)으로 내어줄 때, 원하는 걸 얻을 수 있습니다.

3월 28일

\# 좋은 인생이란 기억할만한 한순간 한순간의 축적이고 연결입니다.

3월 29일

\# 민주주의가 고래라면 공화주의는 바다입니다.

3월 30일

\# 신은 한 사람에게 욕망과 명예를 둘 다 베풀어주지 않습니다.

3월 31일

\# 자신을 소중히 여기지 않는 사람이 가장 먼저 불행의 함정에 빠집니다.

4월

4월 1일

\# 정의란 균등한 기회와 공정한 경쟁이 보장되는 상태를 말합니다.

4월 2일

\# 인간의 삶이란 언어라는 무기를 들고 시간 위를 걸어가는 것입니다.
그러므로 언어관리와 시간관리가 삶의 방편입니다.

4월 3일

\# 아무 것도 하지 않을 자유를 자신에게 허락하십시오.
그럴 때 그 고요함 속에서 세상의 본질이 더 잘 드러납니다.

4월 4일

\# 지식보다 상상력이 중요하고, 상상력보다 성찰이 중요합니다.
지나온 길을 돌아볼 줄 모르면, 나아갈 길을 전망할 수 없습니다.

4월 5일

\# 나 다움(identity)이 나의 다음(next)를 만듭니다.

4월 6일

\# 꿈을 이루지 못한 사람보다 더 안타까운 이는 이루고 싶은 꿈이 없는 사람입니다.

4월 7일

\# 파도가 없으면 바다가 아니듯이 고난이 없으면 인생이 아닙니다.

4월 8일

\# 슬럼프가 없는 선수는 단명합니다.

4월 9일

\# 세상에서 가장 좋은 것이란 없습니다. 나와 인연이 닿는 것이 있을 뿐입니다. 그러므로 세상을 아는 것보다 나를 아는 것이 먼저입니다.

4월 10일

\# 오늘은 내일이 있기에 존재가치가 있고, 다음은 다다음을 위한 것이어야 가치가 있습니다. 내일이 없는 오늘은 마지막 날, 최후의 날입니다.

4월 11일

\# 선한 영향력으로 세상을 이롭게 하는 것, 이것이 진정한 성공입니다.

4월 12일

\# 누구에게도 말할 수 없다면, 사실은 할 말이 없는 것입니다.

4월 13일

\# 작은 실패로 큰 실패를 막을 수 있고, 작은 희생으로 큰 희생을 막을 수 있습니다.

4월 14일

\# 명궁은 과녁 없이 화살을 날리지 않습니다. 목표 없이 움직이면 눈먼 화살이 될 수 있습니다.

4월 15일

\# 늦은 밤에 성찰을 하고, 새벽에 새로운 다짐을 할 수 있다면, 훌륭한 삶입니다.

4월 16일

\# 인생은 벤치마킹이 아닙니다. 아무도 가보지 않고 누구도 알지 못하는 낯선 길로의 여행입니다.

4월 17일

\# 언제 어떤 상황에서든 불안이 희망이 되고 걱정이 기대가 되는 반전의 계기가 반드시 있습니다.

4월 18일

\# 권리보다 의무에 충실하십시오. 권리를 깃털처럼 가볍게 여기고, 의무를 태산처럼 무겁게 여기는 사람이 진정한 리더입니다.

4월 19일

\# 모범생 요한보다 문제적 인간 베드로가 더 걸출했던 것처럼, 인간은 혁신하는 만큼 성장할 수 있습니다.

4월 20일

\# 큰 승부처에서는 큰 용기와 큰 인내가 필요합니다.

4월 21일

\# 결정적 실패는 오류 때문이 아니라 오류를 인정하지 않는 오만 때문에 발생합니다.

4월 22일

\# 진정한 챔피언은 함부로 자기 자신을 믿거나 자만하지 않습니다. 더 이상 의심할 것이 없을 때까지 의심하고 그 의심을 없애기 위해 땀을 흘립니다.

4월 23일

\# 정의의 기준선은 사회적 약자에 의해 다시 그어져야 합니다.

4월 24일

\# 살면서 고독한 때가 있습니다. 그때가 깨달음과 성장의 기회입니다.

4월 25일

\# 목표가 없으면 최선을 다하지 않은 것이고, 목표가 있더라도 실천이 없으면 최선을 다하지 않은 것이고, 실천을 했더라도 성과가 없으면 최선을 다하지 않은 것입니다.

4월 26일

\# 새로운 도전을 위한 결단은 다른 어떤 것보다 값진 선택입니다.

4월 27일

\# 권력을 남용하는 자는 진정한 권력자가 아니며, 부를 남용하는 자는 진정한 부자가 아닙니다.

4월 28일

\# 물고기가 입으로 낚이듯 사람도 입으로 무너집니다.

4월 29일

\# 약자들의 소리가 곧 하늘의 뜻입니다.

4월 30일

\# 도전하지 않는 사람은 성공할 가능성이 없으므로 이미 실패자입니다.

5월

5월 1일

\# 인내는 인간이 입고 있는 마지막 갑옷입니다.

5월 2일

\# 시작할 때를 알고 시작하고, 멈출 때를 알고 멈추며, 바꿀 때를 알고 바꾸고, 끝낼 때를 알고 끝내는 것이 전략입니다.

5월 3일

\# 철학의 출발은 〈너 자신을 알라〉에서 〈너 자신으로 살아가라〉로 진화되어야 합니다

5월 4일

\# '그렇기 때문에' 노력하는 것보다 '그럼에도 불구하고' 노력하는 것이 더욱 가치가 있습니다.

5월 5일

\# 50%의 가능성이 있다면 뛰어들고, 나머지 50%는 자신의 의지로 채워가십시오.

5월 6일

\# 할 수 있는데 안 한 것과, 하고 싶은데 안 한 것과, 해야만 하는데 안 한 것의 합작품이 불행입니다.

5월 7일

\# 자유와 정의가 공동체의 비전이라면, 혁신과 통합은 공동체의 전략입니다.

5월 8일

\# 인간이 완벽하지 않다는 건 오류가 아니라 한계입니다. 끊임없는 도전과 불굴의 의지가 인간을 인간답게 합니다.

5월 9일

\# 가장 큰 기적은 시간의 축적에서 비롯됩니다

5월 10일

\# 겸손을 잃으면 친구도 잃습니다.

5월 11일

\# 교훈이 있는 패배는 승리 이상으로 가치가 있습니다.

5월 12일

\# 세상의 모든 일이 사실 혹은 거짓으로만 이루어지는 것은 아닙니다. 그 사이에는 얼굴이 다른 수많은 진실이 존재할 수 있습니다. 흑백논리에 갇히면 실체적 진실이 위협받게 됩니다.

5월 13일

\# 아무 것도 보이지 않는 칠흙같은 어둠을 걷는 자가 신새벽의 여명을 먼저 맞을 수 있습니다

5월 14일

\# 쉽고 편한 길에서 성과를 구할 수는 없습니다. 보석은 언제나 땅속 깊은 곳에 숨어 있습니다.

5월 15일

\# 논리로 모든 문제를 해결하려 해서는 안 됩니다. 차이를 없애려 논쟁하다 역설적으로 차이가 더 커질 수도 있습니다.

5월 16일

\# 가장 용기 있는 인생이 언제나 최선의 인생입니다.

5월 17일

\# 신의 한 수, 신의 열쇠를 찾지 마십시오. 신조차도 그것들을 찾고 계십니다.

5월 18일

\# 자신에게 없는 것을 탐하고, 있는 것은 망각한다면, 남는 건 후회와 좌절뿐일 것입니다.

5월 19일

\# 사람들은 진실이 두려워 농담을 하고, 농담 때문에 진실로부터 더 멀어집니다.

5월 20일

\# 끝을 알아야 시작할 수 있는 건 아닙니다. 산다는 건 새로운 시작의 연속입니다.

5월 21일

\# 담을 쌓으면 세상이 다 감옥이고, 담을 허물면 세상이 다 정원입니다.

5월 22일

\# 상식은 생각의 감옥입니다. 상식 너머에 감동이 있습니다.

5월 23일

\# 세상으로부터 도망치지 마십시오. 도망치면 칠수록 세상은 점점 더 두려워지고 흉폭해집니다.

5월 24일

\# 결핍은 완벽한 삶의 첫 번째 조건입니다.

5월 25일

\# 인간은 욕망의 노예이기도 하지만 가치의 창조자이기도 합니다.

5월 26일

\# 꿈을 꾼다는 건 그 꿈의 씨앗이 이미 자기 안에 있기 때문입니다. 자기 자신을 믿고 꿈을 향해 한 걸음 앞으로 나아가십시오.

5월 27일

\# 성공의 반대말은 실패가 아니라 포기입니다.

5월 28일

\# 산다는 건 누리는 게 아니라 버티는 것이며, 한뼘 한뼘 인내의 탑을 쌓는 일입니다.

5월 29일

\# 어떤 일이든 성과를 내려면 영혼을 바쳐야만 합니다.

5월 30일

\# 자신감은 자신을 믿는 게 아니라 자신이 믿고 있는 것이 무엇인지를 아는 것이고, 자존감은 자기의 존재를 인정하는 게 아니라 자신의 존재 이유가 무엇인지를 아는 것입니다.

5월 31일

\# 덜어내는 비움과 걷어내는 단순함이 미학의 시작입니다.

6월

6월 1일
\# 접시를 깨고 벽을 허물어야 합니다. 무난한 하루하루가 무색, 무취, 무미한 인생을 만듭니다.

6월 2일
\# 신뢰는 책임감과 균형감이라는 두 다리로 걸어갑니다

6월 3일
\# 욕망을 죽여야 명예가 시작되고, 두려움을 이겨야 승리가 시작됩니다.

6월 4일
\# 이기는 것이 진실이 아니라, 진실이 끝내 이깁니다.

6월 5일
\# 단순한 걸 복잡하게 만드는 것이 지식이라면, 복잡한 걸 단순하게 만드는 것은 지혜입니다.

6월 6일
\# 신은 인간에게 조심하라고 얘기하지 않으시고 언제나 용기를 내라고 이야기하십니다.

6월 7일
\# 운동선수는 기록이 정신력이고, 배우는 외모가 정신력이고, 기업가는 브랜드가 정신력입니다.

6월 8일
\# 강물이 흘러가는 쪽이 바다입니다. 의심할 필요가 없습니다.

6월 9일

\# 역사는 인간의 욕망이 그려낸 전쟁과 쾌락의 강물입니다.

6월 10일

\# 시간은 내 편도 아니고 적도 아닙니다. 무심한 심판자입니다.

6월 11일

\# 모든 것을 다 잘하려고 하면 어떤 것도 제대로 하지 못하는 결과를 낳습니다. 선택과 집중이 성과를 내는 비결입니다.

6월 12일

\# 용기가 나를 키우는 창이라면, 인내는 나를 지키는 방패입니다.

6월 13일

\# 내가 당신을 믿기 때문에 당신이 나를 믿어야 하는 것은 아닙니다. 그 보다는 내가 당신을 믿기 때문에 당신은 당신 자신을 믿어야 합니다. 그것이 내 믿음이 바라는 것입니다.

6월 14일

\# 작고 가벼운 일들, 특별하지 않은 짧은 순간들이 점이 되고 서로 연결되어, 기회가 되고 역사가 됩니다.

6월 15일

\# 운명이 삶의 한순간을 조롱할지라도 절망하거나 한탄하지 말아야 합니다. 삶은 매 순간 울퉁불퉁합니다.

6월 16일

\# 실무자는 what & how를 이야기하고, 간부는 who & why를 이야기하고, 리더는 when을 이야기합니다.

6월 17일

마음의 인내도 중요하지만 말의 인내가 먼저입니다. 말하고 싶은 것을 참을 수 있어야 몸과 마음을 지킬 수 있습니다.

6월 18일

삶의 위기는 두 가지에서 비롯됩니다. 하지 말아야 할 일을 했거나 해야 할 일을 하지 않았기 때문입니다.

6월 19일

개혁은 과정의 미학이고, 혁신은 결단의 예술입니다.

6월 20일

가장 중요한 과제에 최대의 예산을 투입하고, 가장 시급한 일에 최고의 인재를 배치하는 것이 조직 운영의 원칙입니다.

6월 21일

성과를 내는 가장 확실한 방법은 잘 못하는 걸 보완하는 것이 아니라, 잘하는 걸 극대화하는 것입니다. 강점에 투자하십시오.

6월 22일

한류와 난류가 만나는 곳이 황금어장입니다. 서로 다른 경험과 문화, 사람이 만날 때 시너지가 나옵니다.

6월 23일

세르반테스가 〈돈키호테〉를 완성한 곳은 감옥이었고, 사마천이 〈사기〉를 쓴 것은 궁형을 당한 이후였습니다. 걸작 탄생의 심리적 거처는 시련과 역경입니다.

6월 24일
남이 할 수 없는 것을 하려면, 남이 하지 않는 것을 해야 합니다.

6월 25일
어떤 것이 거짓이면서 동시에 참일 수는 없습니다. 그것은 과학이 아닙니다. 국민에게 고통을 주는 것이 국가에 이익이 될 수는 없습니다. 국민이 곧 국가이기 때문입니다.

6월 26일
일을 미루고, 작은 것을 탐하며, 남의 핑계를 대는 것은 불행한 사람들의 공통점입니다.

6월 27일
협상이란 상대의 이익과 나의 이익을 둘 다 보장하는 이익의 균형점을 찾는 과정입니다.

6월 28일
보통 사람에게 천원은 푼돈이지만, 배고프고 힘없는 사람에게 천원은 하루의 생명수가 될 수 있습니다. 그것이 인간관계의 상대성 원리입니다.

6월 29일
무응답은 오답입니다. 정답을 맞출 확률이 없기 때문입니다. 마찬가지로 아무것도 하지 않는 것은 오류입니다. 일이 잘될 가능성이 없기 때문입니다.

6월 30일
황금기는 황금에 굴복하지 않는 시기고, 시련기는 시련에 굴복하지 않는 시기입니다.

7월

7월 1일

\# 누군가의 손을 잡기 위해서는 내 손이 비어있어야 합니다. 비우는 것이 채우는 것의 시작입니다.

7월 2일

\# 봄에 피는 수백 가지 꽃은 다만 꽃일 뿐이지만, 동토의 한기를 뚫고 피어나는 꽃은 꽃 이상의 의미입니다. 매화, 동백은 보는 것만으로도 가슴 뭉클해집니다.

7월 3일

\# 창조의 50%는 상상력이고, 나머지 50%는 편집입니다.

7월 4일

\# 인간의 가장 큰 어리석음은 돈을 벌기 위해 건강을 잃고, 건강을 되찾기 위해 돈을 잃는다는 데 있습니다.

7월 5일

\# '새롭다'는 것은 형식적으로는 '다르다'는 것이고, 내용적으로는 '더 좋다'는 의미입니다.

7월 6일

\# 대리석과 석회석은 같은 성분입니다. 긴 시간 고열 압축과정을 거치면 대리석이 되고, 아니면 석회석으로 남습니다. 역경이 걸작을 낳습니다.

7월 7일

\# 열 사람이 자기의 밥공기에서 한 숟가락씩 덜어주면 한 사람이 먹을 밥이 생깁니다. 십시일반(十匙一飯) 하면 다 함께 행복할 수 있습니다. 그것이 복지고 공동체입니다.

7월 8일

\# 인간의 지혜와 독수리의 속도와 사자의 용맹을 갖춘 스핑크스 조직을 만들면 역경을 이겨내고 목표를 이룰 수 있습니다.

7월 9일

\# 처음엔 정독하고, 두 번째는 요약하고, 세 번째는 비판하는 것이 책읽기의 정석입니다. 세 번은 읽어야 독서가 됩니다.

7월 10일

\# 더딤은 문제가 안되지만 멈춤은 문제가 됩니다.

7월 11일

\# 인간 유전자의 99%는 침팬지와 일치합니다. 1%의 차이가 모든 차이를 만들어내며, 1% 차이의 본질은 창의성입니다.

7월 12일

\# 지식에는 눈에 보이는 형식지와 눈에 잘 보이지 않는 암묵지가 있습니다. 학교에서는 형식지가 중요하지만 실생활에서는 암묵지가 중요합니다.

7월 13일

\# 한 사람이 가진 탐욕의 양은 그에게 닥칠 불행의 양과 비례합니다.

7월 14일

\# 21세기는 자기경영의 시대입니다. 목표경영, 지식경영, 시간경영, 인간관계경영의 네 가지가 자기경영의 기본 축입니다.

7월 15일

\# 프레임(Frame)이란 세상과 사물을 바라보는 인식의 틀, 마음의 창입니다. 똑같은 상황과 조건도 그것을 어떤 프레임으로 보느냐에 따라 완전히 다르게 인식됩니다.

7월 16일

\# 청년의 현재를 만든 건 유전자와 환경의 영향이 큽니다. 그러나 청년의 미래를 만드는 건 자유의지와 인간관계입니다.

7월 17일

\# 낡은 조직문화가 경쟁력을 떨어뜨립니다. 세습주의, 군사문화, 음주문화, 전시행정, 허례허식이 조직을 병들게 하고 있습니다.

7월 18일

\# Plan A는 신념으로 결정하고, Plan B는 과학으로 결정해야 합니다. 한 가지에 모든 것을 거는 것은 위험합니다.

7월 19일

\# 연잎엔 예외 없이 예리한 칼자국이 있습니다. 중심을 향한 치열하고도 날카로운 혁신을 의미하는 단호한 표식이 부럽습니다.

7월 20일

\# 행복이란 재미를 X축으로 하고 의미를 Y축으로 하는 좌표의 어느 한 지점입니다.

7월 21일

\# 인생은 무엇을 알고 있느냐보다 누구를 만나느냐에 의해 더 크게 좌우됩니다.

7월 22일

\# 선한 자들이 당신을 좋아하고, 선하지 않는 자들이 당신을 미워하면, 당신은 진정 좋은 사람입니다. 공자의 말씀입니다. 누군가의 비난과 미움이 두려워 하고 싶은 일을 못 해서는 안 됩니다.

7월 23일

\# 인간의 영혼은 땀으로 적시면 성장하고, 눈물로 얼룩지면 성숙합니다.

7월 24일

\# 여행할 시간이 없는 사람은 슬픕니다. 여행할 마음이 없다면 더 슬픕니다. 그러나 가장 슬픈 건 함께 여행할 사람이 없을 때입니다.

7월 25일

\# 대부분이 불량식품이면 편식이 최선입니다.

7월 26일

\# 삶은 관찰에서 시작되고 통찰을 통해 성숙하며 성찰로 완성됩니다. 관찰보다는 통찰이, 통찰보다는 성찰이 삶의 본질을 향해 한발 더 나아가는 것이라 할 수 있습니다.

7월 27일

\# 꿈꾸고 도전하며 인내하는 것, 좋은 인생의 세 가지 태도입니다.

7월 28일

한 가지에 집중하는 사람은 성공하고, 두 가지를 조화시키는 사람은 행복합니다.

7월 29일

매 순간 신중해야 합니다. 한순간에 이룰 수는 없지만, 한순간에 잃을 수는 있는 게 인생입니다.

7월 30일

100만큼 일하고 80만큼 바라면 나중에 120만큼 돌아옵니다. 겸손은 신을 자기편으로 만드는 최고의 덕목입니다.

7월 31일

현대인의 정신적 가난은 가진 것이 없기 때문이 아니라 무엇을 가져야 할지 모르기 때문입니다.

8월

8월 1일

\# 세상은 마음대로 되지 않습니다. 돈이 있을 땐 시간이 없고, 시간이 있을 땐 돈이 없습니다. 시간과 돈이 둘 다 있을 땐 건강이 없습니다.

8월 2일

\# 지도에 없는 길을 가고, 책에 없는 공부를 하십시오. 그것이 진짜 인생입니다.

8월 3일

\# 타다 중간에 꺼져버린 그을린 나무토막이 아니라 온전히 타올라 재가 되는 그런 삶을 살아가십시오.

8월 4일

\# 하고 싶은 것과 해야만 하는 것과 할 수 있는 것의 균형점에서 인생은 결정됩니다.

8월 5일

\# 추켜세우는 비난이 있고, 깎아내리는 칭찬이 있습니다. 말의 의미는 종종 언어를 뛰어넘습니다.

8월 6일

\# 싸움이란 강한 자가 이깁니다. 참을성이 강한 자가...

8월 7일

\# 인생은 실패할 때 무너지는 것이 아니라 포기할 때 무너지는 것입니다.

8월 8일
성공은 결과의 기적이 아니라 과정의 예술입니다. 못난 사람은 자기 힘과 능력의 50%를 바치고 최선을 다했다고 하고, 위대한 사람은 자기 힘과 능력의 120%를 바치고도 최선을 다하지 못한 것 같다고 말합니다.

8월 9일
장애물이란 걸려 넘어지라고 있는 것이 아니라 뛰어넘으라고 있는 것입니다. 장애물은 인생의 엄한 스승입니다.

8월 10일
정글에서 살아남으려면 야수가 되거나 이름 없는 풀이 되는 수 밖에 없습니다.

8월 11일
해야 할 것을 하지 않아서 발생하는 문제보다 하지 말아야 할 것을 해서 발생하는 문제가 훨씬 치명적입니다.

8월 12일
인생에서 아끼고 소중히 해야 할 것은 돈이 아니라, 시간이고, 꿈이고, 명예고, 건강입니다.

8월 13일
자연은 천둥번개와 폭풍우로 노래하고, 역사는 피땀과 눈물로 노래하지만, 지혜로운 사람은 용기와 인내로 노래합니다.

8월 14일
나 자신을 돕는 가장 철학적 방도는 남을 돕는 것입니다.

8월 15일

\# 진정한 지혜가 한계를 인정하는 것이라면, 진정한 성찰은 오류를 인정하는 것입니다.

8월 16일

\# 보고 싶은 것만 보고, 듣고 싶은 것만 듣고, 하고 싶은 것만 하는 것은 바보의 벽에 갇힌 것이고, 그곳이 바로 마음의 감옥입니다.

8월 17일

\# 최고가 되기보다 먼저 최선을 다하는 것이 중요합니다. 최고가 남과 경쟁한 결과라면 최선은 자기 자신과 경쟁하는 과정이라 할 수 있습니다. 최선을 다하지 않는 최고란 없습니다.

8월 18일

\# 청춘은 도전하고, 장년은 책임지며, 노년은 추억하는 것, 그것이 인생의 미덕입니다.

8월 19일

\# 인생이란 작은 조각배로 거친 바다를 항해하는 것과 같습니다. 나침반을 보는 지혜가 필요하고, 파도와 폭풍우에 맞서는 용기가 필요하고, 고통과 두려움을 참고 견디는 인내가 필요하고, 자신의 운명을 믿고 스스로의 신념을 지켜가는 자신감이 필요합니다.

8월 20일

\# 자신을 가두고 있는 단단한 벽, 한 번도 넘어서 본 적 없던 한계, 그것을 극복할 망치가 필요합니다. 혁신은 망치로 하는 것입니다.

8월 21일

\# '준다'의 미래형은 '줄 것이다'가 아니라 '받는다'입니다.
　먼저 주는 것이 더 잘 받을 수 있는 삶의 지혜입니다.

8월 22일

\# 지금 자기 앞을 가로막고 있는 루비콘 강을 건널 수만 있다면 누구든
　시저가 될 수 있고, 눈 덮인 알프스 산맥을 넘을 수만 있다면 누구든
　한니발이 될 수 있습니다.

8월 23일

\# 성공의 뿌리는 자신감입니다. 승리와 패배, 잘하고 못하는 건 결국
　자신감에 달려있습니다. 인생이란 자신감과 두려움 간의 끊임없는
　대결입니다.

8월 24일

\# 인생이란 인간관계의 예술입니다. 아무도 미워하지 않으며, 여러
　사람들과 서로 나누고 협력하며, 몇몇 사람을 미친 듯이 사랑하며
　살아야 합니다.

8월 25일

\# 어제와 오늘이 만나 내일이 됩니다. 어제를 바꿀 수 없다면, 오늘을
　새롭게 하는 것이 내일을 준비하는 유일한 길입니다.

8월 26일

\# 리더십은 열정과 책임감 그리고 균형감각과 비전에서 나옵니다.

8월 27일

\# 모든 상식이 소용없을 때, 전략은 시작됩니다.

8월 28일

\# 이길 수 없다면 멋있게 패하고, 그 패배로부터 배워야 합니다.

8월 29일

\# 세상은 다양한 칼라입니다. 흑백논리에서 벗어나야 세상을 바로 볼 수 있습니다.

8월 30일

\# 보이는 것은 언제나 보이지 않는 것의 결과입니다. 보이지 않는 것을 보십시오.

8월 31일

\# 양극단으로부터 공격받으면 그 길이 옳은 것입니다. 비판을 두려워 마십시오.

9월

9월 1일

\# 결국 하나를 믿어야 한다면 발바닥을 믿으십시오. 이해관계로 복잡한 머리가 아니라, 애증으로 마음 졸이는 가슴이 아니라, 현장에서 진실을 증명할 수 있는 발바닥을 믿고 나아가십시오.

9월 2일

\# 지나친 걱정은 독이 됩니다. 될 일이면 걱정할 필요가 없고, 안될 일이라면 걱정해도 소용없기 때문입니다.

9월 3일

\# 인간관계의 시작은 좋아하는 점을 발견할 때부터이지만, 인간관계의 유지는 싫어하는 점을 발견하지 않을 때까지입니다. 인간관계는 좋아하는 것이 없어서가 아니라 극도로 싫어하는 한 가지 때문에 끝이 납니다.

9월 4일

\# 비굴은 약자가 빠지기 쉬운 병이고, 교만은 강자가 빠지기 쉬운 병입니다.

9월 5일

\# 무속과 우상은 민주주의의 적입니다. 21세기는 집단지성의 시대입니다.

9월 6일

\# 사람은 보는 대로 믿는 게 아니라 믿는 대로 보게 됩니다.

9월 7일

사랑하는 사람들 사이의 갈등에서 늘 먼저 미안하다고 말하는 쪽은 잘못을 저지른 사람이 아니라 더 많이 사랑하는 사람입니다.

9월 8일

모든 큰 변화는 작은 변화에서 시작됩니다. 1원이 매일 두 배씩 커지면 한 달 후에 얼마나 되는지 계산해 보세요. 30일째 되는 날 5억3천6백8십7만9백1십2원이 됩니다. (₩536,870,912)

9월 9일

못난 정치인보다는 굴뚝 청소부가 백 배는 더 가치있는 삶입니다. 굴뚝 청소부는 세상을 깨끗하게 하지만, 못난 정치인은 세상을 더럽힙니다.

9월 10일

인생에서 중요한 것은 방법이 아니라 방향이고, 실력이 아니라 태도입니다.

9월 11일

삶의 크기는 꿈의 크기에 비례합니다.

9월 12일

모든 걸 다 알고, 모든 걸 다 해보고 싶다는 욕망을 거두십시오. 몇 가지만 깊게 알고 그것에 빠져 살기에도 인생은 짧습니다.

9월 13일

성숙하다는 것은 성찰하고 숙고할 수 있다는 의미입니다.

9월 14일

\# 바닥을 보며 걷는 사람은 길을 몰라서가 아니라 자신이 걷는 길을 믿지 못하기 때문입니다.

9월 15일

\# 첫째는 참는 게 중요하고, 둘째는 참는 이유가 중요하고, 셋째는 참는 자세가 중요합니다.

9월 16일

\# 꽃이 피어나듯, 과일이 익어가듯, 달이 떠오르듯, 거대한 변화는 소리 없이 일어납니다. 조용한 그러나 거대한 변화에 주목하십시오.

9월 17일

\# 고통과 불안을 이겨낼 수 있는 유일한 백신은 자신감이고, 가장 좋은 치료제는 웃음입니다.

9월 18일

\# 메기를 낚고자 하는 사람은 피라미를 놓아주는 법입니다. 소탐대실(小貪大失)입니다.

9월 19일

\# 지혜가 힘이 될 것입니다. 결정적 순간엔 용기가 필요합니다. 그러나 최후의 순간에 자신을 지키는 건 인내입니다.

9월 20일

\# 인류의 역사는 권력의 분산, 부의 분배, 노동의 분화라는 세 가지 방향으로 진화해왔습니다.

9월 21일

\# 위기와 기회는 같은 모습으로 다가옵니다. 따라서 위기 속에서도 기회를 보고, 기회 속에서도 위기를 보는 통찰의 눈이 필요합니다.

9월 22일

\# 방심은 가장 위험한 함정입니다. 낙관적 편견이야말로 돌이킬 수 없는 위기를 낳습니다.

9월 23일

\# 불안과 두려움, 자만과 게으름, 조급함과 무원칙은 모두 적이 보낸 첩자입니다.

9월 24일

\# 사람에게 큰 장점이 있다면 작은 단점은 문제 삼지 말아야 하며, 반대로 큰 단점이 있다면 작은 장점에 현혹되지 말아야 합니다.

9월 25일

\# 공동체사회에서 악이 선에 승리하는 두 가지 이유는 공직자들의 무능과 타락 그리고 선한 자들이 무관심입니다.

9월 26일

\# 시작 단계에서는 완벽주의를 경계하고, 마무리 단계에서는 적당주의를 경계해야 합니다.

9월 27일

\# 인생의 가장 큰 덕목은 삶의 무게중심을 잡는 것입니다.
그것을 철학에서는 중용이라 하고 물리학에서는 균형이라 합니다.

9월 28일
세상은 누구에게는 전쟁터고, 누구에게는 놀이터이며, 누구에게는 지옥이고, 누구에게는 천국입니다.

9월 29일
속도와 방향이 일의 성패를 결정합니다.

9월 30일
세상을 살아가는 데는 세계관보다 세계감이 더 필요합니다.

10월

10월 1일
\# 한국인은 신명성, 집단성, 창의성을 가진 특별한 민족입니다. 이를 한국의 혼, 〈코리아이즘〉이라 부를 수 있을 것입니다.

10월 2일
\# 인생은 힘들고 억울하고 고통스럽습니다. 그걸 참고 이겨내라고 사랑이 있고 우정이 있는 것입니다.

10월 3일
\# '나는 누구인가'는 삶의 가장 중요한 화두입니다. 유전, 성장환경, 자유의지, 인간관계의 네 가지가 합쳐진 것이 현재의 '나'입니다.

10월 4일
\# 무엇을 먼저 해야 하는가가 항상 고민입니다. 중요한 일이면서 동시에 시급한 일을 먼저 하십시오. 그러나 만일 그런 일이 없다면 시급한 일을 간단히 먼저 처리한 후, 중요한 일에 매달려야 할 것입니다.

10월 5일
\# 힘들고 험한 길을 자청하는 바보 같은 선택의 주인공들이 어느 순간 누구도 넘볼 수 없는 자리에 우뚝 서는 것을 보게 됩니다.

10월 6일
\# 전략은 목표를 실현하기 위한 방법입니다. 따라서 최고의 전략은 가장 중요한 목표를 위해 두 번째, 세 번째 목표를 포기하는 결단입니다.

10월 7일
\# 일을 잘하는 건 기술이지만, 잘 쉬는 것은 예술입니다.

10월 8일

\# 멘토가 있어야 합니다. 경험 많은 사람과의 만남이 특히 중요합니다. 아프리카 속담에 〈죽어가는 노인은 불타고 있는 도서관과 같다〉라는 말이 있습니다.

10월 9일

\# 말싸움, 소모적 논쟁, 긴 갈등과 긴장을 끝내는 가장 좋은 방법은 결정적 한마디가 아니라 잠시의 침묵입니다.

10월 10일

\# 21세기의 슈퍼 키워드는 연결입니다. 창조는 연결의 결과이며, 서로 다른 이질적인 요소의 연결이야말로 발전의 동력입니다.

10월 11일

\# 두 번 읽을 가치가 없는 책은 한 번 읽을 가치도 없고, 두 번 만날 가치가 없는 사람은 한 번 만날 가치도 없습니다.

10월 12일

\# 정의와 불의의 대결에서 중립이란 없습니다.

10월 13일

\# 승리한 그날부터 패배의 싹이 자라나고, 성공한 그 순간부터 실패의 씨가 뿌려집니다. 자만해서는 안됩니다.

10월 14일

\# 사랑이란 또 하나의 나를 만나 매순간 감동하는 것입니다.

10월 15일

\# 여름에 벼를 베는 농부는 없습니다. 모든 건 다 때가 있습니다.

10월 16일

\# 내 것을 나누는 작은 연민의 손길이 누군가에겐 기적이 됩니다.

10월 17일

\# 우리의 발목을 잡는 것은 적이 아니라 언제나 우리 안의 패배주의입니다.

10월 18일

\# 욕망과 대결이 아니라 침묵으로 말할 수 있다면, 세상은 분명 더 나아질 것입니다.

10월 19일

\# 확신주의자로 살아가십시오. 그러나 종종 의심학파가 되십시오.

10월 20일

\# 하늘은 스스로 돕는 자만을 돕습니다. 날개는 남이 달아주는 게 아니라 내 몸 안에서 살갗을 뚫고 힘겹게 돋아나는 것입니다.

10월 21일

\# 패배보다 더 큰 고통은 굴욕입니다.

10월 22일

\# 통찰력은 특별한 비법이 있는 게 아닙니다. 단지 역지사지하는 것뿐입니다.

10월 23일

\# 책에서 글이 아니라 길을 보아야 합니다.

10월 24일

재능이 부족하다고 한탄하지 마십시오. 부족한 건 재능이 아니라 노력입니다. 노력이야말로 최고의 재능입니다.

10월 25일

살다 보면 돈, 명예, 건강보다 더 소중하고 어떤 경우에도 반드시 지켜야 할 것이 한 가지 있습니다. 바로 양심에 부끄럽지 않게 사는 것입니다.

10월 26일

삶의 여정에는 급소가 있습니다. 반전의 급소, 감동의 급소, 행복의 급소를 정확히 알고 대응해야 합니다.

10월 27일

적은 것에 만족할 줄 아는 것이 최고의 행복론입니다.

10월 28일

디자인은 콘텐츠를 따르고 콘텐츠는 프레임을 따릅니다.

10월 29일

웃으면 복이 오고, 참으면 운이 옵니다.

10월 30일

부족한 여러 가지가 아니라 결정적인 한가지가 없어서 인생은 위기를 맞습니다.

10월 31일

인생이란 확신과 의심 사이의 끊임없는 대결입니다.

11월

11월 1일

\# 나에게 이미 있는 것과 나에게 아직 없는 것 가운데 무엇이 더 가치 있는 것일까요? 이것이 자존감의 척도입니다.

11월 2일

\# 계속 앞으로 나아가기 위해 때로는 멈출 수 있어야 합니다.

11월 3일

\# 여행의 최종 목적지는 출발지이고, 인생의 최종 목적지는 죽음입니다. 따라서 행복한 인생을 위해서는 최종 목적지 보다 다양한 경유지를 잘 선택해야 합니다.

11월 4일

\# 실력보다 노력이고, 노력보다 매력입니다. 큰 일을 하려면 무엇보다 사람을 끌어당기는 힘이 필요합니다.

11월 5일

\# 두려움에 떨고 고통에 신음해보지 않은 자, 실패에 좌절하고 이별에 눈물 흘려보지 않은 자는 세상을 위로할 수 없습니다.

11월 6일

\# 남 탓을 하고 변명을 할 수는 있습니다. 그러나 그럴수록 망치는 것은 자기 자신입니다.

11월 7일

\# 개인이든 조직이든 무너지는 건 나약해서가 아니라 이기심 때문입니다.

11월 8일

\# 아무 문제도 없는 인생이란 아무 의미도 없는 인생입니다

11월 9일

\# 노을이 있어야 낭만이 완성되듯, 고뇌가 있어야 삶이 완벽해집니다.

11월 10일

\# 결핍이 노력을 낳고, 고독이 창조를 낳습니다.

11월 11일

\# 배가 고프다고 호랑이가 논밭을 뛰어다닐 수는 없습니다.
　산등성이를 달리고 계곡을 뛰어넘어야 호랑이입니다.

11월 12일

\# 불행이 사람을 붙잡고 있는 것이 아니라, 사람이 불행을 붙잡고
　있는 것입니다.

11월 13일

\# 인생을 바꾸는 두 가지 방법은 좋은 사람을 만나는 것과 좋은 책을
　만나는 것입니다.

11월 14일

\# 행복이 돈과 다르고, 성공이 권력과 다름을 아는 것이 철학의 힘입니다.

11월 15일

\# 많이 가진 자가 아니라 많이 나누는 자가 진정한 부자입니다.

11월 16일

가장 소중한 것을 그에게 주십시오. 그러면 그를 얻을 수 있습니다.

11월 17일

버티는 시간만큼 꿈이 영글어갑니다.

11월 18일

도망치는 것만으로는 자신을 지킬 수 없습니다.

11월 19일

재능(才能)이 덕(德)을 이기면 나라가 망합니다. 나쁜 자에게 재주가 있으면 악이 날개를 얻은 것과 같기 때문입니다.

11월 20일

제로섬게임이 작동하는 사회가 가장 잔인한 사회입니다. 혁신을 통해 더 발전할 수 있다는 걸 부정함으로써 나눔을 거부하고 공동체를 분열과 파괴로 유도하기 때문입니다.

11월 21일

최고의 지혜는 용기고, 최고의 용기는 인내입니다.

11월 22일

모르는 것만이 아니라 때로는 잘 아는 것에 대해서도 침묵이 더 좋은 답이 될 수 있습니다. 침묵은 적을 만들지 않습니다.

11월 23일

인생이란 ○○이다. 우리는 이 짧은 한 문장을 완성하기 위해 100년을 살아갑니다.

11월 24일

세상이 점점 병들어가고 타락하는 건 죄의식이 없는 〈평범한 악〉 때문입니다.

11월 25일

욕망에 굴복하지 말아야 합니다. 삶은 욕망의 반대편에 가장 소중한 것을 숨겨두고 있습니다.

11월 26일

성공 없이 행복하다고 말할 수는 있으나, 행복 없이는 성공했다고 말할 수 없습니다.

11월 27일

최선을 다한 패배는 승리 이상의 가치가 있습니다.

11월 28일

나뭇잎과 꽃송이가 끊임없이 흔들리는 건 나약함의 증거가 아니라 살아있다는 증거입니다.

11월 29일

마음이 차가운 사람에게 봄은 오지 않습니다.

11월 30일

모두가 큰 소리로 시끄럽게 떠들어댈 때는 침묵이 최고의 웅변입니다.

12월

12월 1일

\# 욕망은 바닷물과 같아 마시면 마실수록 더 목이 마릅니다. 그러므로 철학은 욕망을 멈추는 법을 배우는 것입니다.

12월 2일

\# 경청하되 귀가 얇아서는 안 되며, 신중하되 침묵해선 안 됩니다.

12월 3일

\# 우리의 모든 노력은 완벽해지기 위해서가 아니라 가능성을 높이기 위한 것입니다.

12월 4일

\# 매화는 단단한 가지에서 꽃망울이 피어나고 장미는 가시 사이에서 꽃을 피웁니다. 시련의 미학입니다.

12월 5일

\# 목적지가 없는 여행자는 결국 방황의 길에서 지쳐 쓰러집니다. 인간을 인간답게 하는 것은 구체적인 목표입니다.

12월 6일

\# 자기 자신을, 세상을, 그리고 삶을 새롭게 정의(new definition) 할 때, 인생은 전환기를 맞을 수 있습니다.

12월 7일

\# 과로와 스트레스 그리고 중독은 몸을 망가뜨리는 3가지 적(敵)입니다.

12월 8일

\# 성공은 수많은 실패의 축적이고, 행복은 수많은 인내의 보상입니다.

12월 9일

\# 많은 걸 다 경험하려고 하지 마십시오. 그것 또한 탐욕입니다.

12월 10일

\# 산다는 건 낯선 곳으로의 여행입니다. 같은 삶을 두 번째 살아가는 사람은 없습니다.

12월 11일

\# 지금 당장 행복해지는 비법이 있습니다. 전화를 꺼내 누군가에게 '사랑한다', '보고싶다', '고맙다'고 말하십시오.

12월 12일

\# 모든 싸움에서 다 이기려 애쓰지 마세요. 그럼 싸움꾼밖에 안 됩니다.

12월 13일

\# 아름다운 친구를 둔 사람이 아름다운 하루를 살 수 있습니다.

12월 14일

\# 인생은 나의 선택이지 남과의 비교가 아닙니다.

12월 15일

\# 두 가지 말을 반드시 기억하십시오. 내가 남에게 말할 〈약속〉과 남이 나에게 말한 〈충고〉

12월 16일

\# 먹은 만큼 걸으면 몸에 탈이 없습니다.

12월 17일

\# 자기 인생의 주인임을 자각하고 용기 있게 행동에 나서야 할 가장 좋은 때는 20살이 되는 날입니다. 그리고 두 번째 좋은 때는 바로 오늘입니다.

12월 18일

\# 언제나 부족한 건 돈과 시간이 아니라 열정과 창의성입니다.

12월 19일

\# 더 나은 삶을 살고 싶다면, 더 나은 인생 지도를 그려야만 합니다.

12월 20일

\# 영광을 누리려면 고난의 언덕을 넘어야만 합니다.

12월 21일

\# 폭포의 급류와 계곡의 비경을 포기하지 못하면 결코 넓은 강과 바다로 나아갈 수 없습니다.

12월 22일

\# 나이가 들면 더 커지려는 생각보다 더 깊어지는 걸 고민해야 합니다.

12월 23일

\# 성공의 정의를 바꾸면 누구나 성공할 수 있습니다. 현재의 삶이 재미도 있고 의미도 있다면 이미 성공한 것입니다.

12월 24일

연이 높이 날려면 바람이 세게 불어야 합니다.

12월 25일

당신의 믿음이 곧 당신의 삶입니다. 무엇을 믿는지가 당신의 삶을 결정합니다.

12월 26일

가치를 생각하는 삶, 철학이 있는 중년이 인생의 풍성한 가을을 만들어줍니다.

12월 27일

무엇을 해야 할지 모를 때, 어떻게 살아야 할지 막막할 때, 생각을 멈추고 몸의 근육을 움직여 운동을 할 때입니다.

12월 28일

만일 빛만 있고 어둠이 없다면 세상은 오래전에 불타 없어졌을 것입니다. 어둠의 품에 안겨 매일 밤 잠들듯이 시간의 절반인 어둠을 받아들이고 어둠에 의지하십시오.

12월 29일

어린아이와 반려견과 눈높이를 맞춰보면, 세상이 다르게 보입니다.

12월 30일

장수는 전장에서 무릎을 꿇지 않고, 선비는 권력에 양심을 팔지 않습니다.

12월 31일

\# 일이 잘못되는 이유는 잘 모르기 때문이 아니라 잘 안다는 확신 때문입니다.

후기

"나는 겨우 나다
그러나
나는 마침내 나다"

이것이 나의 이중성이다.
그리고 어쩌면 모든 이들의 이중성인지도 모른다.

존재와 본질 사이에서
고뇌하고 분투하며 휘청거리는 모든 이들에게 연민과 함께 경의를 표한다.
내가 또한 그러하기에.

그저 생각할 뿐이고, 생각한 것 중 일부라도 실천하려고 발버둥칠 뿐이다.

내 삶에 대한 최종 평가는 내 몫이 아닐 것이다.
인생은 결과가 아니라 과정이라고 믿는다.

2025. 3

아직 늦지 않았다.

초판 1쇄	2025년 5월 1일
지은이	곽윤석
펴낸이	신완섭
펴낸곳	고다출판
등 록	2010년 6월 22일(제2010-000016호)
주 소	경기도 군포시 수리산로 33, 833-2702
전 화	010-2757-6219
메 일	golgoda9988@naver.com
ISBN	979-11-980360-5-6

• 값은 뒷표지에 있습니다
• 잘못된 책은 바꿔 드립니다.
• 이 책의 전부 또는 일부 내용을 재사용하려면 사전에 제작권자와
  고다출판의 동의를 받아야 합니다.